Beltz Taschenbuch 929

Über dieses Buch:
Wolfgang Bergmann setzt den kinderfeindlichen Gehorsamspädagogen unserer Zeit eine andere Disziplin entgegen. Seine Erziehung des »bewussten Mitgefühls« greift bei Alltagsproblemen wie auch bei den »großen Konflikten« wie Trotzalter, Schule oder Pubertät. Mit ihr lassen sich Konflikte nachhaltig lösen, denn nur eine gesunde, positive emotionale Basis zwischen Eltern und Kindern sorgt dafür, dass Kinder auch dann »gehorsam« sind, wenn niemand zuschaut oder die Eltern nicht mehr überall anwesend sein können. Wolfgang Bergmann schildert eine Erziehung, die das Kind nicht einzwängt und duckt, sondern klug und neugierig macht. Nur so erwächst das kluge und kompetente Selbst eines Kindes, das es sein Leben lang begleiten wird. Sein wichtigster »Botenstoff« ist die Liebe.

Der Autor:
Wolfgang Bergmann (1944–2011) war einer der profiliertesten Kinder- und Familientherapeuten Deutschlands und ist als Autor von Sachbüchern zu psychologischen und pädagogischen Themen weithin bekannt. Er schrieb für verschiedene große Tageszeitungen und Zeitschriften und war gern gesehener Interviewpartner zu aktuellen Erziehungsthemen in Fernsehen und Rundfunk. Wolfgang Bergmann ist Vater von drei Kindern.
Bei Beltz auch erschienen sind seine Bücher »Gute Autorität«, »AD(H)S in der Schule – Wie Eltern ihren Kindern helfen können«, »Warum unsere Kinder ein Glück sind«, »Kleine Jungs – große Not«, »Die Kunst der Elternliebe«, »Das Drama des modernen Kindes« sowie gemeinsam mit Gerald Hüther, »Computersüchtig – Kinder im Sog der modernen Medien«.

Wolfgang Bergmann

DISZIPLIN OHNE ANGST

Wie wir den Respekt
unserer Kinder gewinnen und
ihr Vertrauen nicht verlieren

BELTZ

»… losing love is like a window in your heart
Everybody sees you are torn apart …«
Paul Simon, Graceland

»Turn around, and you're tiny, turn around and your grown.
Turn around, you are a young wife, with babes of your own.«
Melvina Reynolds, Turn around

Das Werk und seine Teile sind urheberrechtlich geschützt. Jede Nutzung in anderen als den gesetzlich zugelassenen Fällen bedarf der vorherigen schriftlichen Einwilligung des Verlages. Hinweis zu § 52 a UrhG: Weder das Werk noch seine Teile dürfen ohne eine solche Einwilligung eingescannt und in ein Netzwerk eingestellt werden. Dies gilt auch für Intranets von Schulen und sonstigen Bildungseinrichtungen.

www.beltz.de

Beltz Taschenbuch 929

1. Auflage 2012

© 2007 Beltz Verlag · Weinheim und Basel
Umschlaggestaltung: www.anjagrimmgestaltung.de
(Gestaltung), Stephan Engelke (Beratung)
Umschlagabbildung: plainpicture/Ute Mans
Satz: WMTP GmbH, Birkenau
Druck und Bindung: Beltz Druckpartner
GmbH & Co. KG, Hemsbach
Printed in Germany

ISBN 978-3-407-22929-8

Inhalt

Warum gehorchen? 8
»Sei doch mal still …« 14

Die Grundlagen

Mama zuerst, und dann? 19
Wozu Väter gut sind 30
Eltern als Dienstleister? 39
Der verlorene Sohn kehrt zurück, und dann
    passiert ein Unglück 46
Was wirklich zählt 51
Regeln oder nicht Regeln – oder: Wie komisch
    und cool Kinderwünsche manchmal sind 55

Aber Vorsicht

Mit Trotz fängt alles an 65
Ganz still auf der Treppe, und ganz allein 71
Nun spielt mal schön 74

Schwäche ohne Erbarmen, nichts ist bitterer 81
Vorsicht bei Verboten – oder: Jane liebt Tarzan
und Tarzan liebt einen Schimpansen 86
Fleisch oder Fisch: Es wird gegessen, was auf
den Tisch kommt 89
Liebe kann man nicht erzwingen, Gehorsam
auch nicht 100

Schöne Kindheit, ohne Angst

Die Lust des Kindes: Ich bin 107
Von englischen Rehen und Vätern, die von
nichts eine Ahnung haben 110
Zwei Seelen in einer Brust oder: Wie man
Klauereien überwindet 113
»Du raubst mir den letzten Nerv – und ich
bin stolz auf dich« 119

Pubertät müsste verboten werden

Pubertät – gibt's die? 129
Pubertät zum zweiten 141
Ein Holzbett, zwei Matratzen und ein
unnötiger Konflikt oder: Das kommt gar
nicht in Frage …! 147

MODERNE FAMILIEN UND WAS ZUM GEHORSAM FEHLT

Eine Geschichte vom Aufräumen 161
Drei Kinder? Wo gibt's denn sowas? 170
Henker im Internet oder: Wann Eltern ganz
    entschieden sein müssen 172
Körper ohne Scham und Lust – überall Pornos 175
Töchterchens Geheimnis, mitten im
    Wohnzimmer 178

NACHWORT

Vier Wahrheiten und fast schon die
    ganze Erziehung 183

Warum gehorchen?

Gehorsam setzt immer Vertrauen voraus. Kadaver-Gehorsam jedoch, früher bei den Militärs und in manchen Ländern noch heute gang und gäbe, ist Gehorsam aus purer Furcht. Sogar in den Armeen demokratischer Staaten gibt es solche Gehorsamsforderungen nicht mehr, und in Familien, die das Wohl ihrer Kinder im Blick haben, erst recht nicht.

Gehorsam ist die Folge des kindlichen Vertrauens. Wem ich vertraue, den empfinde ich als stark, schreibe ich in einem anderen Kapitel. Aus beidem, aus Vertrauen und Stärke, folgt Gehorsam. »*Du bist stark, ich vertraue dir – jetzt höre ich auf dich, ich gehorche.*« Eigentlich ein ganz einfacher Zusammenhang.

Und weiter: Wer kennt mich so gut wie Mama, bei der ich meine ersten Gefühle empfunden und dann mit ihren Augen, ihrem Lächeln, ihrem Gesicht bestätigt gefunden habe? Wer ist mir vertrauter als Papa, mit dem ich die ersten Erkundungen der Welt vorgenommen und mich dabei stark gefühlt habe?

Alle frühen Bindungen an die Dinge der Umwelt, die vielen spannenden und verführerischen Objekte, die alle erst begriffen werden mussten, sind Grundlagen des Gehorsams, wie ich in weiteren Kapiteln zu erklären versuche. Nichts von diesen fröhlich-selbstbestätigenden Tätigkeiten und Gefühlen habe ich erworben, ohne mich mit einem Blick auf Mama oder Papa rückversichert zu haben – ja, diese Welt ist ganz in Ordnung, ich kann mich darauf einlassen, mir kann ja gar nichts passieren. Mama oder Papa sind ja da!

Wem also vertrauen Kinder bereitwilliger als Vater und Mutter und wen empfinden sie unbewusst und bewusst als »stärker«? Sie tun es im Übrigen auch dann noch, wenn man ihrem Verhalten kein einziges dieser positiven Gefühle ablesen kann – also noch mit 12 oder 13 Jahren. Da mögen sie maulen oder auch vorlaut sein, doch insgeheim stellt sich in jeder therapeutischen Erfahrung Folgendes heraus: Papa wird als ganz groß und übermächtig empfunden. Und manchmal muss diese Übermächtigkeit verleugnet werden, muss ihr gegengehalten werden; viele Konflikte entstehen eben gerade dadurch, dass Papa im kindlichen Unbewussten als so maßlos mächtig verankert ist. Wenn diese »mächtige Verankerung« mit einem positiven Papa-Bild, einem beschützenden Vater, verbunden ist, dann ist auch für einen 12- oder 13-Jährigen die Welt noch in Ordnung – wie es in ganz elementarer Weise für einen 2- oder 3-Jährigen der Fall war.

Danach gibt es immer noch Konflikte, eine »heile Welt« findet sich nirgends! Aber wenn dieser unbewusste Respekt vor Papa verbunden wird mit einem Gefühl des Vertrauens (*»Dies ist der Mann, dem ich mehr vertraue als irgendeinem anderen«*), dann wird die väterliche Übermächtigkeit eben nicht als Bedrohung empfunden, jedenfalls nicht vorwiegend, sondern in gleicher Weise als Schutz. Und dann gelingt es auch: Ein 12-Jähriger mault herum, schimpft über die Lehrer und die Schule, insbesondere die Mathematik, und stellt herausfordernd und ein bisschen provozierend fest, dass er Mathe jetzt ganz

»fallen lässt«, der Lehrer sei zu blöd oder er selbst sei zu blöd, er könne das auch nicht auseinanderhalten. Jedenfalls sei mit Mathe Schluss, basta!

So etwas kommt in jeder Familie vor. Und nun macht es eben einen gewaltigen Unterschied, ob Papa eine »unbewusste Bedrohung« für das Selbstgefühl dieses Jungen ist oder ein Schutz. War Papa »da«, wurde er als stark erlebt in der Selbstfindung dieses Kindes und hat er diese Stärke nicht in den weiteren Lebensjahren selbst zerbröseln lassen – beispielsweise dadurch, dass er sich mit dem Kind viel zu oft auf lautstarke Konflikte einließ –, dann wird Papas Stimme, Papas Körper, Papas Besonnenheit ihn wieder besänftigen. Dann bedeutet es auch dem 12-, 13- oder 14-Jährigen ganz viel, wenn Papa seinen Sohn anschaut und sagt: »*Hör zu, mein schlauer Sohn, ohne Mathe läuft hier gar nichts. So weit klar?!*«

In fast allen Fällen, bei denen die genannten Voraussetzungen erfüllt sind, wird so ein Junge zwar murren, aber in der Tiefe erleichtert nicken und zustimmen. Er hat sich erst einmal mit Papa versöhnt, das stärkt ihn, jetzt kann er sich auch noch mit der blöden Mathe – nun ja, nicht gleich versöhnen, aber es immerhin angehen. Er hat ja Mut geschöpft. Und Papa ist immer noch »da«.

Papa ist immer noch unbewusst und bewusst ein starker Pfeiler in den Wirrnissen der frühen Pubertät. Papa ist ein Fels in der Brandung, wenn die Schulangst ein Kind zu überspülen droht. Papas Worte gelten etwas. Umgekehrt gilt dasselbe freilich auch. Wer vom 3. bis zum 12. oder 13. Lebensjahr des Kindes immer wieder herumgenörgelt hat, das Selbstwertgefühl des Kindes »entwertet« hat durch negative Bemerkungen, durch einen zügellosen und meist egoistischen Leistungszwang, unter dem sich das Kind erst duckte und gegen den es sich dann zur Wehr setzte, wer penibel auf Ordnung im Kinderzimmer bestand und sonst nichts anzubieten hatte an Väterlichkeit – dessen Stimme ist jetzt nicht mehr viel wert. Dessen Körper wirkt nicht wie ein »Fels in der Brandung«, dessen Worte wirken nicht besänftigend.

Mir liegt viel daran, besonders den Vätern deutlich zu machen, dass die Gehorsamspädagogik zuerst das Vertrauen der Kinder zerstört und dann ihre eigene Autorität. Die Kinder brauchen aber elterliche Autorität, väterliche ganz besonders, wenn sie auf die Pubertät zugehen. Wer auf die »Super-Nanny-Gehorsamspädagogik« hereingefallen ist (der Fairness wegen sei gesagt, dass die Nanny in wesentlichen Punkten von ihrer rüden Strafpädagogik abgekommen und unter dem Einfluss kluger Berater heute komplexere Lösungsvorschläge macht), wer mit Herrn Bueb das »Lob der Disziplin« anstimmte, der hat nichts anderes getan als dies: Er hat sich selbst entwertet.

Vielleicht hatte er kurzfristige Erfolge, vielleicht war ein Kind für ein, zwei Wochen, meinetwegen auch ein, zwei Monate, gehorsamer als zuvor, eingeschüchtert, resigniert. Aber mit jedem Bruch seines Selbstwertgefühles, mit jeder aufkommenden Angst vor Strafe ging auch ein Stück der »Wertschätzung« für Papa verloren. Sie ist danach nicht wieder einzuholen.

Alle verlässlichen Studien über die kindliche Entwicklung machen eines deutlich: Die Kinder benötigen in der frühen Kindheit eine »dauerhaft emotional zugewandte Betreuungsperson«. Das ist nun so ein Wissenschaftsjargon, der viel zu wenig transportiert. Gemeint ist der liebevolle Blick von Mama, der Kontakt der Augen, die Intimität der Körper und der Sprache – ich habe es ja beschrieben. Kinder sind von Erwachsenen und insbesondere ihren Eltern abhängig, das ist soweit klar. Aber auch kleine Schimpansen sind von den erwachsenen Tieren abhängig, bei den meisten Tierarten ist dies der Fall. Einzigartig für die kleinen Menschenkinder ist dies: Sie benötigen nicht nur die materielle Fürsorge, nicht nur das Gefüttert- und Gesättigt-Werden, sie benötigen in gleicher Weise die gefühlte Fürsorge, sonst entfalten sie nicht das, was eben den Menschen ausmacht: Ein Ich, das sich selbst betrachtet, das mit sich selbst zerfallen kann, aber auch mit sich selbst in unvergleichlicher Glückseligkeit eins werden kann. Glück ist für uns immer das Eins-Sein aller seelischen Strebung, ein »Fest für die Seele«, wie Freud einmal formulierte.

Einzigartig ist der Mensch, weil er nicht nur auf Liebe antwortet – das tun Katzen, Hunde und Schimpansen und sogar Eisbären auch –, sondern weil diese Liebe benötigt wird, um ein eigenes Selbst, ein reifes Ich zu schaffen. Für den Menschen reichen Instinkte nicht hin, damit er glücklich leben kann.

Kehren wir zu unserem von der Mathematik ermüdeten 12-Jährigen zurück. Kaum eine Erziehungsperson ist seiner hilflosen Maulerei gegenüber so hilflos wie ausgerechnet der eigene Vater, wenn er ein strafender Vater war. Denn dieser Junge ist nicht mehr »klein«, er ist fast kein Kind mehr. Man kann ihn nicht mit Strafen mehr zwingen, jedenfalls auf Dauer nicht. Er akzeptiert Strafe nicht mehr. Vielleicht fügt er sich widerwillig, ist aber zutiefst getroffen in seinem Selbstbewusstsein. Jede Faser seiner Seele lehnt sich gegen väterliche Strafe auf. Das Vertrauen, aus dem der Respekt eines Kindes erwächst, ist durch Regulierungen und Strafen im siebten, achten oder zehnten Lebensjahr Stück um Stück zerschlagen worden. Dabei rede ich keineswegs von Prügelstrafen, sondern »nur« von Gebrüll, von Hausarrest und was dergleichen mehr ist.

Dem Kind fehlt eine »verinnerlichte Vatergestalt«, die es in Krisen seines »Selbstwertes« stabilisieren sollte. Es ist innerlich leer, und diese Leerstände können von niemanden *so wenig* besetzt werden wie von eben diesem Vater, der sein Kind enttäuscht hat, immer wieder.

Auf Ungehorsam reagieren Väter hilflos und betroffen, das kann man gut verstehen. Sie fühlen sich von ihrem Sohn (oder der Tochter) entwertet, und wer möchte schon von seinem Kind permanent abfällige oder gar feindselige Blicke ernten? Genau dies stößt autoritären Vätern, die Vertrauen zerbrachen, spätestens in der Pubertät zu. Jetzt mögen sie brüllen und toben, Hausarrest verhängen oder den Computer ausschalten – es hilft nichts. Die Reaktion des Sohnes ist immer die gleiche. Resigniert vielleicht, aber auch müde, abfällig, die Autorität des Vaters ist längst zerfallen, von einer Strafe zur anderen ein bisschen mehr.

Sie hat ihn in der Seele seines Kindes zu einem »Nicht-Vater« werden lassen. Empfinden wir, wie allein solch ein Kind ist? Und können wir nicht sogar auch empfinden, dass dieser Vater unglücklich ist, und seinem Unglück abhelfen möchte, notfalls mit allen Mitteln? Und entstehen nicht just so diese vehementen Krisen, die oft in einem unversöhnlichen Konflikt enden?

Beide Seiten sind untröstlich, verharken sich und treiben den Teufelskreis immer schneller weiter und weiter.

»Sei doch mal still …!«

Manchmal sagen wir es mahnend, manchmal rufen wir, manchmal brüllen wir: »*Sei doch mal still.*«
Kinder sind nicht still, sie sollen es auch nicht sein. Manchmal geht sogar mir, einem ziemlich Kinder liebenden Menschen, ihre ewige Aktivität auf die Nerven, nämlich dann, wenn ich in ihrer Lebhaftigkeit und ihrem Aktivitätsdrang eine versteckte Unruhe spüre, ein ewiges Getrieben-Sein, als fänden sie nirgends einen Halt und drehten sie sich fortwährend im Kreis.

»Hyperaktive« Kinder sind so und bringen ihre Eltern zur Verzweiflung.

Aber nicht nur sie, sondern auch viele Kinder, die dieses »diagnostische Kriterium« nicht erfüllen, können uns mit ihrer merkwürdig lustlosen Unruhe, ihrer maulenden Agilität um den Verstand bringen. Dann rufen wir, ermahnen, brüllen manchmal sogar los: »*Sei endlich still!*«

Gegen Ermahnungen ist zunächst einmal gar nichts einzuwenden. Kinder, die sich in der Gegenwart ihrer Eltern sicher und geborgen fühlen, reagieren auch nicht verängstigt, sondern mal mehr, mal weniger »gehorsam«.

»Sicher gebundene Kinder« halten ein, horchen auf, für einen Augenblick kommen sie durch die mahnende Stimme von Mama oder Papa tatsächlich zur Ruhe.

Diese Stimme hat für sie auch dann noch einen besänftigenden Klang, wenn sie mit einem gewissen unmutigen

Unterton daherkommt. Das Besänftigende ist ein Nachhall zahlloser schön beschützender Erinnerungen und lässt sie aufhorchen, ohne Furcht.

Andere Kinder können nie ganz ruhig werden, die Ermahnungen von Mama oder Papa treiben ihre Unruhe erst recht an. Sie sind nicht in der Lage, aus dem Klang der Stimmen, der Präsenz ihrer Eltern Kraft zu schöpfen. Mama und Papa bieten keine oder keine ausreichende Sicherheit. Sie erschrecken nur. Sie verstummen, aber – achten Sie einmal darauf! –, gerade jene Kinder, die auf den Anruf ihrer Eltern starr inne halten, sind es auch, die nach wenigen Minuten ihre unruhige Aktivität wieder fortsetzen, mit unverminderter und oft sogar vermehrter Lautstärke.

Gehorsam ist nicht gleich Gehorsam, Autorität nicht gleich Autorität – es gibt ein gutes Gehorchen und ein schlechtes, eine schützende und eine ängstigende Autorität. Wir haben die Wahl.

Die Grundlagen

Mama zuerst, und dann?

Entwicklungspsychologie ist eine unübersichtliche Wissenschaft, nur eines steht ganz außer Zweifel: Am Anfang des seelischen Lebens steht Mama, sie ist die Bedingung des Körperlichen und des Seelischen. Exakt an dieser unbestrittenen Tatsache, an dem Bindungsverlangen aller Kinder, beginnt unsere Erziehungskultur zu rütteln und neue Modelle aufzufahren. Sie haben eines gemeinsam: weniger Mutter für das Kind.

Zumindest in diesem einen Punkt stimmen die Ergebnisse aller nennenswerten Studien und Analysen überein: Je weniger Mama, desto unruhiger, empfindungsärmer und letztlich auch unintelligenter entwickelt sich ein Kind. Eigentlich braucht man keine Wissenschaft dafür, man kann es sehen. Fühlen auch. Aber wir sind gegenüber unseren Kindern blind und gefühlsarm geworden – was den Kindern nicht gut tut und uns auch nicht.

Mama ist die Quelle des Seelischen, daran gibt es keinen Zweifel. Vielleicht verharren die Kinder, wie die psychoanalytische Theorie vermutet, in einer Art Symbiose mit Mama, aus der sie sich zögernd lösen, vielleicht ist es so, wie neuere Forschung vermutet, dass sich Neugeborene und Säuglinge schon vom ersten Tag ihres »Da-seins« aktiv der Außenwelt zuwenden, die sich in ihre ersten Bewegungs- und Wahrnehmungsmuster einschreibt – wie auch immer, unstritig ist, dass sie auf die Versorgung und Umhüllung, die Nahrung und die Kontakte, den Austausch der Blicke und Laute mit der Mutter angewiesen sind.

In der Matrix des Mütterlichen beginnt ihre individuelle und soziale Existenz.

Nach allem, was wir über das Gefühlsleben von Neugeborenen, Säuglingen und Kleinkindern wissen, ist es so, dass es zwischen den »symbiotischen Gefühlen«, dem Umhüllt-Sein von Mama und dem Sich-Selbst-Entdecken eine Art wechselseitig sich verstärkendes Gleichgewicht gibt, eine frühe Balance zwischen Wahrnehmen und Selbstempfinden, immer rückversichert, immer bezogen auf die körperliche und seelische Nähe der Mutter.

Dieses beginnende Ich wird in der Matrix des Mütterlichen optimal gelernt.

»Mama schaut mich lächelnd an, also bin ich froh« – sogar der nüchterne Psychoanalytiker Heinz Kohut spricht vom Glanz im Gesicht der Mutter, davon, dass ein Empfinden des Wohlseins das Kind durchströmt: *Jetzt lernt es Freude.* Mama ist traurig oder abwesend, eine Kälte und das noch ganz unerkundete Gefühl, allein und ein Einzelnes zu sein, flutet durch Körper und Psyche – *jetzt ist es traurig und verwirrt.*

Das afrikanische Wort »Ich bin, weil du bist« meint auch dies: Wir *empfangen* unser Selbst, wir lernen unser Ichgefühl durch Andere, wir spiegeln uns im Angeschaut-Werden durch Andere, und die erste, wesentliche und seinsbegründende »Andere« ist Mama. Ohne ihre Sorge, ohne ihre »Feinfühligkeit«, ihren Kontakt, ihre Blicke, ihre Laute, ihre vertraute Stimme – kurzum, ohne dieses Mama-Gefühl gibt es kein kindliches Ich-Gefühl, und später kein bewusstes »Selbst«, das sich entfaltet, wenn die bewusstere Wahrnehmung der Außenwelt immer reifer, immer vollständiger wird und sich symbolisch einprägt. Ohne die Rückversicherung an das Mütterliche, insbesondere in den ersten neun bis zwölf Lebensmonaten, ohne die Anbindung jeder neuen Erfahrung der Dinge und des Selbst an die körperliche und seelische Vertrautheit, an das »Mama-Gefühl«, entfaltet sich auch kein eigenständiger Ich-Kern.

Diese erste Bindungsperson »Mama« ist vielleicht mit einem surrealistisch anmutenden Bild zu beschreiben: Die Mutter ist der Spiegel eines Ich, das sich in diesem Spiegel erst entfaltet und in diesem Verlauf mit sich selbst bekannt und vertraut wird.

So entwickelt sich ein empfindsames und zugleich »sicheres« Ich-Gefühl und Selbst-Bewusstsein.

Am Anfang steht wohl eine gefühlte Einheit (»Mama ist Ich, Ich bin Mama«), stehen »symbiotische Gefühle«, aus denen sich im Kontakt mit Mama und in der zufriedenen Versunkenheit mit Mama erste Erfahrungen von Ich und »Objekt« ganz behutsam und widersprüchlich entfalten. Am Anfang sind Kind-Ich und Umwelt (Mama) noch fast eins. Ein Kind beginnt sein seelisches Leben in einer »einigen Welt«; die großen Religionen beherbergen Reste dieses magischen Denkens im Ungeschiedenen (»unio mystica«).

Aus der Verlässlichkeit dieser frühesten Bindungen löst sich ein Kind, und beginnt »sicher gebunden«, wie die Forschung ein wenig umständlich sagt, eine geordnete, symbolisch sich gliedernde, sein Selbst und die »Welt der Objekte« umfassende Erkundungsreise. Sind diese frühesten Bindungen unsicher, reißt das Kind sich vom Mütterlichen los, wird und verhält sich ungeordnet, hektisch und zufällig; den Aufbau des Selbst verwirrend statt entfaltend beginnt es seine Objekt-Erfahrungen.

Das Kleinkind, das sich »der Welt stellt«, ähnelt dem unglücklichen »Faust« aus der Volkslegende und Goethes Drama. Ein unsteter Geist will erkennen, »was die Welt im Innersten zusammenhält«. Das Kleinkind drängt aus der Geborgenheit mit Mama heraus und greift nach den vielen verführerischen Dingen, die es umgeben, die es alle berühren und begreifen, ertasten und in den Mund schieben will, bis es empört spürt, dass diese Objekte ganz anders sind als Mama. Dann werden sie wütend zur Seite geschleudert, weil ihre Fremdheit nun doch sehr ängstigt, und das Kind bewegt sich schleunigst in die vertraute Nähe und die schönen symbiotischen Gefühle zurück, flüchtet in die »sichere Bindung«, um sich nun, stabil und mutig geworden, erneut der Welt zuzuwenden.

»Unsicher gebundene« Kinder haben diese Rückversicherung, diese Stabilisierung ihres fragilen Ich nicht, sie krabbeln auch zurück zu Mama, finden aber zu wenig Nähe und rasen wieder los, halb schon verzweifelt, halb um sich zu bestätigen, dass sie ja trotzdem »da sind«. Ihr Dasein ist ganz auf sie selbst gestellt, und das überfordert sie. Sie finden in den Dingen keine Freude und in dem Zusammenhang der Objekte keine Regelmäßigkeit, keine Ordnung; so bleiben sie innerlich leer und äußerlich gleichgültig und unruhig.

Trieb-Gehorsam nannte Alexander Mitscherlich das, was die gesicherten Kleinen jetzt erwerben. Die Welt der Objekte, der Dinge und Menschen ist enorm verführerisch, und ängstigend ist sie auch. Ein »Ich-Selbst-Sein« ist eine gewaltige Lust, und gleichzeitig ein Missgefühl, weil das symbiotische Empfinden, gekuschelt an Mamas

Brust, genährt und still, doch schöner war. Mit einem »primären« triebhaften Lustempfinden nähert sich das Kind den Objekten, spürt es seinen Körper in Beziehung zur Außenwelt – in intensiver Weise setzen sich die primären Bedürfnisse immer wieder durch, »ich will alles verschlingen, alles in mich hineinstopfen, ich will alles berühren, jetzt und ohne Aufschub, ich will aber immer gleichzeitig mehr als nur (m)Ich – ich will die Welt in mich aufnehmen«.

Welch ein schwieriger Vorgang das ist, wieviel Frustration und Kränkung sich in den heranreifenden Seelen versammelt, das muss alles wieder herausgeschrieen, -gekreischt und gebrüllt werden – und am Ende von Kinderzorn und Gebrüll muss der Trost sein. Die Versenkung in Mamas (und nun auch schon Papas, dazu gleich mehr) Nähe, die vollständige Geborgenheit. Aus solch widerspruchsreichen Szenarien entsteht dieser Gehorsam: Trieb-Gehorsam.

Heißt: Ein Kind spürt seinen Körper in der Berührung mit dem kühlen Bauklotz, da schreit es los, Mama oder Papa beschützen es, nun wendet es sich neugierig dem seltsamen Klotz wieder zu, nun ist die Berührung schon vertrauter geworden. Noch ein versichernder Blick auf Mama oder Papa und das Klötzchen wird erneut umfasst, befühlt, und zugleich wird ein neues, ein erweitertes Gefühl des eigenen Tastsinns, des Körpers und seiner Geschicklichkeit erworben – das macht froh und stolz. Papa ist noch da, Mama ist in der Nähe – dann kann es ja losgehen mit der Erweiterung des Selbst im Entdecken der Eigenart der Dinge.

Primäre, ursprüngliche Triebe »treiben« das Kind in diese verwirrende und bezaubernde Objektwelt hinein, doch mit jedem dieser Erkenntnisschritte formt es seine Triebe, aus den »primären«, fast erfahrungslosen, werden »sekundäre«, jetzt schon durchtränkt mit der Erfahrung von Objekt und Selbst und gesammelten Erinnerungen an beides: das Ich, bereichert und gewachsen im und durch das Objekt.

Auf eine schlichte Formel gebracht: Je mehr Objekterfahrung in einem schwierigen, aber letztlich versöhnlichen Sinn, desto mehr Gehorsam, desto mehr »sekundäre Triebgestalt«. Je weniger gesicherte, erkundende und das Selbst belebende und erweiternde Objekterfahrung, desto mehr Verharren auf dem primären, dem nicht-sozialen Trieb.

Zur versöhnlichen Erkundung der Objektwelt gehört die Rückbindung an Mama oder Papa, die Beschwichtigung der Ängste und Fremdheitsgefühle, sagte ich. Eines ist vom anderen nicht zu trennen. Sekundäre Triebgestalt oder »Triebgehorsam« gibt es also nur als Ineinanderwirken von Hinwendung zur Welt auf der Basis der sicheren Bindung, und Rückwendung zu den Eltern, auf die sehr schnell der schon wieder neugierig belebte Blick und Zugriff auf die Objekte folgt.

So entsteht Gehorsam.

Wird die Bindung unsicher oder gar zerrissen, dann fügt sich die Objektwelt in keine Ordnung, das Kind bleibt fixiert in seinen primären, unruhigen, selbstbezogenen Bedürfnissen.

So, und nun fragen wir uns also, ob der »stille Stuhl« aus Triple P, das Kontrollieren und Zügeln und Grenzen-Setzen wirklich Gehorsam erzeugen – oder das Gegenteil?

Liebe macht gehorsam – das weiß doch jeder

Noch einmal mit anderen Worten, weil es so wichtig ist, das Wichtigste überhaupt in der Erziehung:

Begreifen wir, wie reich an Widersprüchen schon der Anfang des seelischen Lebens ist? Die »gute Mutter« – der Analytiker Winnicott spricht von der »ausreichend guten Mutter«, denn keine Mutter kann perfekt sein, sie soll es auch nicht – begründet in ihrem Kind die Fähigkeit, sich vorbehaltlos, neugierig und also einfallsreich, kreativ, klug der Welt zuzuwenden und diese Welt zu lieben. Bedingung: Mama hat mich ganz lieb und darauf kann ich mich felsenfest verlassen.

Die Liebe des Kindes zu Mama führt zur Ich-Liebe und zu freundlich-versöhnten, aber auch kreativen, schlauen »Weltgefühlen«.

Mütter, die aus welchen Gründen auch immer »unsichere Bindungen« erzeugten, sind mit einem Kind konfrontiert, das immer unruhig in seinen »Weltbezügen« bleibt, immer unsicher hierhin und dorthin greift und sich nur schwer oder gar nicht mit vorbehaltloser Neugier und der ganzen Kraft seiner Selbst-Bewusstheit auf diese Objekte einlässt, sich in sie versenkt, aufmerksam, tastend, behutsam und zugleich entschieden-zupackend. Solche Kinder, oft unruhig, fast immer unsicher, hasten bei jeder neuen Erfahrung erschrocken zu Mama zurück. Aber Mama bietet auch keine ausreichende Sicherheit, auch kein sicherndes Ich- und Weltempfinden, und so treiben die Kinder von Mama zurück zu den Dingen der Welt. Sie werden von beidem nicht »erfüllt«, sondern weggestoßen, und so verwirren sich ihre Gefühle in dieser unauflösbaren Ungewissheit, sich selbst gegenüber, den anderen Menschen gegenüber, Mama gegenüber, der Welt gegenüber.

Wir können erahnen, wie gerade diese unruhigen, getriebenen Kinder, die schon als Kleinkinder auffällig sind, im Kindergarten zu überimpulsiven hektischen Störenfrieden werden und sich – weil sie ja mit sich selbst und Mama nicht ausreichend versöhnt sind – auch in den Gruppen mit anderen Kindern nicht versöhnlich verhalten, sondern scheu, ängstlich oder aggressiv. Wir können erahnen, wie sehr gerade bei diesen Kindern mit Disziplin und Strafe, mit der penetranten Aufforderung »still und gehorsam« zu sein, wo sie doch keine Ruhe und kein Vertrauen in sich haben, eine seelische Hölle angestiftet wird – just in den Entwicklungsphasen, in denen wir sie vielleicht noch hätten beschwichtigen, trösten, ausgleichen können.

Nie erweist sich die Gehorsams- und Disziplinpädagogik als so kalt und inhuman wie gerade bei den hyperaktiven, unruhigen, umherstreunenden Kindern, die in keinem Spielzeug dauerhafte Freude und in keiner Gruppe verlässliche Freunde finden – sie haben die Basis für diese Gefühle nicht, die anderen Kinder spüren es und grenzen unsere Ich-verarmten Kleinen aus.

Wenn diese Kinder die »eiserne Regelmäßigkeit der Strafe« trifft, von der Bernhard Bueb schwärmt, oder wenn sie konsequent »vergleichbar der Dressur eines Hundes« behandelt werden, dann sind sie buchstäblich verloren – Ich-verloren und Welt-verloren.

Und was ist mit den »Grenzen«?

Aber lassen wir die Inhumanität eines Bueb und seiner Disziplin beiseite, reden wir noch einmal von dem, was auch verständnisvolle Erzieher und Lehrer und erst recht Eltern in buchstäblich jedem pädagogischen Gespräch anführen – mindestens einmal, manchmal vier- oder fünfmal, immer wieder, wie ein Mantra: »Grenzen setzen«.

Natürlich erfahren Kinder »Grenzen«, an allen Ecken und Enden müssen sie sich ja auf die Logik der Dinge, die Widerständigkeit der Objekte, die Mühsal von Sprache und Kontakt, auf die Regeln von Spielen einstellen und sie tun es auch. Überall sind Grenzen, die Welt ist für ein Kleines, gemessen an dem strömenden Ich-Gefühl, wie zugenagelt. »Setzen« müssen wir diese Grenzen nicht, sie sind einfach da.

Wir müssen allerdings mit den Kindern gemeinsam die Erfahrung eingehen, dass man diese Grenzen, diese Eigenart der Dinge und die Besonderheit der Menschen beachten muss – sonst scheitert man ein ums andere Mal. So wie das Ich- und Welt-verlorene Selbst, von dem vorher die Rede war. Dann verspricht das neue Spielzeug keine Freude, denn man muss es erkunden entlang der Beschaffenheit und der Funktion, die es vorgibt, dann freut man sich nicht vorbehaltlos auf das Wiedersehen mit den anderen Kindern, denn man weiß ja gar nicht, ob sie einen aufnehmen werden. Ja, Kinder müssen sich einfädeln, ihre Intelligenz und ihre Gefühle versöhnen mit dem eigenen Charakter der Menschen und den Dingen – nur dann spiegeln sie sich in ihnen, nur dann sind diese, wie Mama es am Anfang des Lebens war oder hätte sein sollen, eine Erweiterung des Ich, eine frohe Bestätigung.

Grenzen müssen wir nicht setzen, wir müssen unsere Kinder mit den Begrenzungen und dem »Eigensinn« der Realität versöhnen, auf respektvolle Weise. Respekt der Eigenart der Welt *und* der Besonderheit des Kindes gegenüber.

Seltsam, von Respekt vor Kindern und von der Freude an den Dingen ist in pädagogischen Gesprächen kaum die Rede. Ist das gute Pädagogik? Stimmt die Rangfolge unserer pädagogischen Leitsätze wirklich?

Ich kenne überhaupt keine Eltern, Kindergärtnerinnen oder Lehrerinnen, die nicht von den Kindern heiß geliebt wurden, wenn sie für die Kinder einen freundlichen Spiegel ihrer selbst (»Schau mal, so bist du, etwas ganz Besonderes!«) und der Welt der Dinge (»Wir erkunden das Spielzeug, wir finden in ihm die Geschicklichkeit unserer Hände und die Kraft unseres Verstandes«) bedeuteten. Ist dies verstanden – aber erst dann! – gilt zu all diesen Überlegungen auch Folgendes: Kindheit ist kein Puppentheater und keine Zuckertorte, Kinder lieben ein kräftiges lenkendes Wort, Kinder nehmen es überhaupt nicht übel, wenn man ihnen klare Vorgaben und manchmal Vorschriften macht und mit freundlicher Stimme bedeutet: »So läuft das hier und nicht anders«.

Warum mögen Kinder diese Art von Autorität und Gehorsam? Das ist doch ganz einfach: Sie spiegeln sich ja in ihrem Erzieher, der Lehrerin oder wem immer, in diesen, wie ich gleich sage, erweiterten Spiegeln. Je kräftiger die nun präsent sind, je klarer sie sich durchsetzen und auch mal auf den Tisch hauen (aber nie ohne einen kleinen verschmitzten freundlichen Blick, der der Autorität nicht den geringsten Abbruch tut, ganz im Gegenteil), desto eher fühlen sich die Kinder von solchen »spiegelnden Autoritäten« bestätigt. »Mann, das ist ein starker Typ, ich bin fast genau so!« Spiegelungen statt Grenzen, könnten wir uns darauf nicht verständigen?

Aber machen wir uns nichts vor: Am Anfang steht die Bindung, vor allen anderen die an Mama und an Papa, von dem wir gleich noch sprechen – alle Kindergärtner und -innen, alle Lehrer und -innen und alle Therapeuten und -innen sind immer nur die Weiterführung der ganz nach innen gewendeten Mama- und Papa-Bilder, aus denen sich das Kind-Ich zu allererst geformt hat. Heißt auch: War diese Bindung in einem unerträglichen Maß unsicher, dann hilft oft alle pädagogische Zuwendung nicht mehr (obwohl sie manchmal richtiggehende kleine Seelen-Wunder ins Leben rufen kann – das gibt es auch!), freilich Disziplin und Zwang erst recht nicht. Dann ist fast schon alles verloren. So traurig können Kinder und kann ein Kinder-Schicksal manchmal sein.

Umso unerträglicher das armselige Disziplin-Geschrei, das wohl selbst aus einer ähnlichen Störung frühester Lebenszuversicht hervorgegangen ist – dazu kommen wir jetzt.

Wozu Väter gut sind

Papas sind immer wichtig, in den ersten Lebenstagen und -monaten eines Kindes jedoch besteht ihre wesentliche Aufgabe zunächst darin, ein beruhigtes, möglichst sorgenfreies oder wenigstens sorgenarmes Klima herzustellen.

Der Austausch zwischen Mutter und Kind hat jetzt Vorrang. Diese innige Bedeutsamkeit lässt sich durch einen Papa nicht ersetzen, sondern nur ergänzen. Dies ist eine biotische und psychische Tatsache.

Der Vater kann aber viel tun, um die junge Mutter zu entlasten.

Frauen sind nach den Mühen von Schwangerschaft und Geburt körperlich und seelisch erschöpft – in aller Regel nicht 14 Tage, sondern mindestens ein halbes Jahr – und die Versorgung des Kleinkindes ist nicht minder anstrengend. Außerdem, ich habe es im vorigen Kapitel ausgeführt, benötigt das Neugeborene die Feinfühligkeit seiner Mutter; aus der Bindungsforschung wissen wir, wie zentral sie für das gesunde Reifen der Gefühle ihres Kindes ist.

Doch auch diese Feinfühligkeit ist »Arbeit«, seelisch anstrengende Arbeit sogar, denn es ist tatsächlich so: Wenn Mama auf die »Signale« – stimmliche und gestische – des Kindes nicht reagiert, dann stürzt es aus einem Universum aus Geborgenheit (vorübergehend, aber wirklich nur vorübergehend) in ein seelisches Nichts. Dann schreit es und strampelt, wütet, und ist mit sich und der Welt – und sogar mit Mama – total zerfallen.

Nun muss es in die schöne Vertrautheit wieder zurückgelockt werden. Mütter verhalten sich intuitiv so, sie wissen, auf welche Laute, auf welche Bewegungen bis in die feinsten Details der Gesichtsmuskulatur ein Kind freudig reagiert. Nun strahlt es wieder und spürt, wie es von einem Glücks- und Geborgenheitsgefühl durchflutet wird. In diesem Moment lernt ein Baby, in sein noch ganz fließendes Ich-Gefühl auch Frustrationen, Enttäuschungen, sogar Hoffnungslosigkeit einzubinden, zu »integrieren«. So geht das letztlich sechs oder neun Monate, in verschiedenen Entwicklungsphasen. Aber, wie Salomo sagt, »ein Jegliches hat seine Zeit«.

Die Welt lockt, die schöne Symbiose zerfällt, manchmal schmerzlich, aber auch Papa »lockt«. Seine Stimme, sein Körper, seine Schritte, sein Brummen und sein »anders-als-Mama« treibt die Neugier und die Lust auf »noch-mehr-Selbst« vom Mütterlichen weg, hinein in eine Welt voller Objekte und Menschen. Das ist eine aufregende, eine ein bisschen, wie wir im Kapitel vom Trotz erfahren, verzweifelte Phase.

Aber der Vater sollte sich nicht »aufdrängen«. Manche modernen Väter tun dies, sie haben sich von Ratgebern und Zeitschriften ein schlechtes Gewissen einreden lassen. Seltsamerweise ist dort auch vom Umgang mit dem Kind die Rede, als sei es eine schwere Belastung, die Mann und Frau teilen müssen.

Meine Erfahrungen sind anders: Es ist schlicht ein wunderschönes Gefühl, dieses neue Wesen, das biologisch und seelisch mehr mit einem selbst verbunden ist als irgendein anderes, im Arm zu tragen, es im Kinderwagen zu schieben. Das gilt für Väter nicht anders als für die Mütter.

Aber schauen wir genau hin: Das Kleine, im Kinderwagen geschoben, schaut vergnügt aus der Wäsche, mal hierhin, mal dorthin. Diese Welt ist aufregend, ein bisschen ängstigend. Dann sucht es wieder das Gesicht, die vertraute Nähe des Vaters, um sich anschließend zufrieden den Dingen der Welt erneut zuzuwenden. Aber sein Schauen hin zu Papa ist bereits ein anderes als das »hin-zu-Mama«. Der väterliche Blick wird von den Zwei- und Dreimonatigen schon als ein leitender Blick genommen. Bei Mama verharrt dieser sichernde Blick, oft am mütterlichen Gesicht, dann drängt sich die Intimität des Gesäugt-Werdens, des Austausches von Stimme und Gefühlen ganz in den Vordergrund, das Kind vergisst für einige Momente die Welt draußen und sinkt in die »kollusive« Einheit (ich erkläre gleich, was dies bedeutet) mit Mama zurück. Beglückt seufzt es, die Welt ist jetzt nicht mehr wichtig. Irgendwann löst es sich, mit gestärktem Vertrauen dreht es den kleinen Kopf wieder den vielen Ereignissen, den vorübereilenden Menschen, den lauten Rufen, den verschiedenen Klängen zu.

Die »Vergewisserung« eines beschützten Da-Seins ist im Austausch mit dem Vater ähnlich. Aber nur ähnlich. Sein Gesicht war und bleibt ein wenig fremder, er ist jetzt schon der »Dritte«, er ist anders als Mama. Sein Brummeln, seine beruhigende Stimme, sein Körper schiebt sich gewissermaßen in die alles umfassende Nähe von Baby und Mama hinein, er unterbricht sie oder anders gesagt: Er fügt dem ganz um das Kind-Selbst kreisenden, einer Symbiose ähnelnden Einverständnis von Mutter und Kind ein Anderes hinzu. Er lenkt die Aufmerksamkeit des Kindes aus der Verschmelzung hinaus, das ist seine Aufgabe. Mama ist und bleibt die Verführung zum absoluten Versorgt-Sein, zum Ich-zentrierten Verharren in der Passivität der ersten Lebenswochen. Papa ist das Gegenbild. Das ist seine zweite Aufgabe.

Während er den Kinderwagen nicht schneller und nicht langsamer, nicht vergnügter und nicht verschwitzter als Mama die Fußgängerzone rauf und runterschiebt, ist alles so wie bei der Mutter und doch anders. Am Schauen des Kindes kann man die Unterschiede ablesen. Der Blick auf Papa ist, schauen wir nur hin, ein mehr bestätigender als ein versunkener. Papa ist schon viel mehr Objekt, und insofern steht er der »Objektwelt«, die am Kinderwagen vorbeifließt, -trampelt und -dröhnt, näher, ist ihr ähnlicher als die Mutter, die immer auch Verkörperung einer weltabgeschiedenen »Einheit mit dem Kind« ist. Kleinkinder empfinden diese Unterschiede. Unterschiede sind wichtig für das Erwachen ihrer Sinne und ihrer Vernunft. Der Blick auf Papa »vergewissert« – »*Alles in Ordnung, alles klar, gut: Schauen wir mal, was das Leben noch so zu bieten hat*« –, von Papas Gesicht, Körper, Stimme lässt das Kind sich leiten, es identifiziert sich für Momente mit dem Väterlichen und folgt seinem Blick über den Vater und sich selber hinaus: Dort wartet die Welt.

Natürlich kann ein Vater noch mehr. Auch er kann sein Kind körperlich umhüllen, im Arm halten – so oft es nur eben möglich ist. Mit seiner »anderen« Körperlichkeit vermag er die Sinne und den wachen Verstand seines Kleinkindes beleben. Er kann es auf seinen (hoffentlich nicht allzu umfangreichen) Bauch legen, seine Herztöne spüren, dabei selber ruhig werden und das Kind mit viel Geborgenheit »füttern«, seelisch und körperlich, körperlich aber nur in gewisser Weise, also schon wieder anders als Mama.

Männer schütten sogar bestimmte hormonelle Botenstoffe, Bindungsstoffe aus, dieselben wie die Mutter. Darüber gab es in Zeitschriften eine Zeitlang viel hin und her – aha, zwischen Mutter und Vater gibt es also gar keine oder kaum Unterschiede im Verhältnis zum Kind, sie besitzen »dieselben Botenstoffe«, die Neurobiologie sagt es auch. Das aber war Unsinn, sogar die sehr begrenzten Erkenntnisse der Biologie wurden ideologisch herausgeputzt: Der gemeinte Botenstoff namens Oxytocin ist zwar in der Tat allen Lebewesen mit Bewusstsein eigen, doch Müttern in ganz einzigartiger Weise. Der Stand der Forschung lautet derzeit so, dass Mütter besonders in den Stunden der Geburt diesen Glücksstoff in wohl auch körperlich notwendiger Weise ausstoßen, Neugeborene in einer ersten Phase der »Spiegelung mit Mama« eben dieses Glücksempfinden in sich aufsaugen und so selber die Produktion von Oxytocin vermehren. Das Aufkommen desselben hormonellen Stoffes ist auch bei Vätern nachweisbar, aber in sehr viel geringerem Umfang. Für die Bindungsforschung war von hohem Interesse, dass Kinder, deren Mütter aus seelisch-körperlichen Gründen den Botenstoff nicht oder nicht ausreichend hervorbrachten, erheblich größere Mühen im Bindungsverhalten der folgenden Monate hatten und dass – noch bemerkenswerter – ein Mangel an Nähe und Bindung in den allerersten Wochen dazu führt, dass das Vierjährige, wenn es in den Arm genommen, geknuddelt und versorgt wird, in erkennbar geringerem Umfang das Aufkommen dieses Bindungs- und Glückshormons aufwies. Kurzum, was in den allerersten Phasen der Geburt und den folgenden Wochen an Intensität von Nähe und Verschmelzung versäumt wurde, zeigt sich später als Gefühlsdefizit im Kindergartenalter.

Väter sind anders, sogar die Biologie hat bemerkt, was ein aufmerksames Schauen auf Mutter und Kind auch ohne Forschung »mitfühlend« begreift. Mütter sind dem »Kollusiven«, der Verschmelzung von Welt und Selbst, dem Versinken in absolute Geborgenheitsgefühle näher als Väter – das ist ihre besondere Kompetenz. Väter sollen dieser Innigkeit ein »Weiteres« hinzufügen, ein Gegenüber, das von dem Kind auch erkannt und geliebt, aufgenommen und verinnerlicht wird. So erweitert sich seine Gefühlswelt, die sonst im Kreisen um ein bewusstloses Selbst befangen bliebe.

An dieser Stelle erregen sich besonders im deutschen Kulturraum die Gemüter, insbesondere die von Fachleuten. Auf Kongressen kann man die wütendsten Blicke empfangen, wenn man von der besonderen Beziehung zwischen Mutter und Kind spricht – als sei die Bindungsinnigkeit des Kindes mit Mama eine bösartige Erfindung der Biologie oder der Geschichte, um Frauen lebenslang an Kind und Küche zu zwingen. Aber von lebenslang ist ja nicht die Rede, sondern von acht bis 18 Monaten, und das Umsorgen, Pflegen und Anschauen eines Kindes ist auch nicht nur ermüdende Pflicht – hier setzt sich ein deutsch-protestantisches Denken durch, das auf andere Weise auch in den »Gehorsams- und Grenzen-Setzen-Dogmen« wieder sichtbar wird.

Darf eine Frau also nicht arbeiten? Doch, sie darf. Darf sie ihr Kleinkind in die Hände von Papa oder Großpapa und Großmutter geben, vielleicht um einem interessanten beruflichen Auftrag nachzugehen? Ja, ja, darf sie – diese

Debatte hat etwas infantiles, sie wird in dieser Weise auch ausschließlich in nordeuropäischen Ländern geführt. Andere Kulturen stehen kopfschüttelnd daneben und stellen fest, wie viel Realitätsverlust die Bereitschaft zur Ideologie mit sich bringt. Das Wort »Rabenmütter« gibt es nur in Deutschland? – nun ja, es ist ja ein deutsches Wort, aber den moralisch begründeten Sachverhalt gibt es in anderen Kulturen auch, nur sehr viel mehr auf die Bedürftigkeit des Kindes bezogen als bei uns. In Zentralafrika zum Beispiel wird die Art, wie wir mit unseren Kindern umgehen, als funktional und kalt begriffen und stößt auf mütterliches Unverständnis.

Die Benachteiligung von Müttern und ihrer Teilhabe am allgemein-sozialen und beruflichen Leben gibt es, sie ist aber nicht mit der Entwertung der Mutter-Kind-Bindung aufzulösen, sondern als eine gesellschaftliche Aufgabe und gegenwärtig als gesellschaftlicher Skandal zu bearbeiten! Ansonsten hat diese Debatte etwas arg Provinzielles und Übereifriges; es ist bedenklich, wie viele Fachleute mit Entscheidungskompetenzen in Jugendämtern, Beratungsstellen, Forschungseinrichtungen usw. pure Ideologie absondern, wenn es um die Bindungen von Mutter und Kind geht. Sie schaden den Kindern, den Müttern und auch ihrer spezifisch weiblichen Begabung.

Zurück zum Vater. Je heftiger und raumgreifender das Kind sich der Objektwelt zuwendet, desto aufregendere Sachen findet es, die allesamt erst einmal mit dem Mund erkundet werden; dann spürt es, wie sperrig und fremd die meisten Dinge im Mund liegen und beginnt, mit den Fingern, den Fingerspitzen zu tasten. Die kühle Oberfläche des Fußbodens oder eines Bauklotzes, die raue Kante desselben Klötzchens, die Finger greifen, die Welt wird immer mehr »zu-handen«, die Geschicklichkeit der Finger, der Hände und des Körper-Ganzen werden empfunden, die Sinne erwachen und werden intelligent über den Gebrauch der Dinge.

Man muss wieder nur hinsehen: Die allermeisten Väter blühen jetzt erst richtig auf, jetzt wird ihr Kind ihnen immer zugänglicher, jetzt kommt das Umgehen, das Verändern und Manipulieren der Objekte ins Spiel, das Körper und Sinne in Bewegung versetzt, und genau das macht ihnen Freude. Sie sind im Übrigen oft viel verspielter und sogar geduldiger als Mütter – dafür mag es viele Gründe geben. Ihre Körperlichkeit ist eine andere, ihr Zupacken ist meist gröber, auch ein bisschen unbeholfener in den feineren Details der Dinge, ihr Lachen ist anders, oft lauter, ihre Lust auf Körperkraft im Spiel, wenn das Kleine sich die ersten Schritte in die Welt zutraut und einen Ball mit Wucht schubsen oder gar treten will, und meist auf dem Hinterteil landet – alles ist anders. Nicht prinzipiell anders, aber um Feinheiten unterschieden von Mama, die die kindliche Neugier auf das »draußen« richtet, in dessen Zentrum der Vater steht, wie die Mutter in der Mitte des kollusiven Gefühls.

Kinder versteifen sich auf diese Unterschiede, die Differenz des Weiblichen und Männlichen macht ihnen Spaß und belebt ihre Lust an Identifikation, Aufnehmen und Abstoßen, Vertrautheit und Sich-Abwenden – Kinder sind zur Ideologie wenig begabt. Noch die Achtjährigen schauen Papa anders an als Mama, besonders die Jungen hängen sich jetzt an Papa und können gleichzeitig von Mama nicht lassen, die Mädchen umgarnen den Vater und erproben ihren Charme, der wiederum anders ist als der der Jungen – kurzum, es ist ein vergnügliches Spiel mit und zwischen den Geschlechtern, von Anfang an. Festzuhalten bleibt jenseits der Dogmen: Kinder brauchen die Mütter und ihre Bindungsinnigkeit, um sich den Vätern vertrauensvoll zuzuwenden, und sie benötigen die Geborgenheit beim Vater, um befreit zum Mütterlichen zurückzukehren, oder anders: Die Vermischung des Männlichen und Weiblichen ist eine seelische und körperliche Basis für ein glückliches Kinderleben.

Eltern als Dienstleister?

Heißt dies also, dass Eltern sich dem kindlichen Willen und seinen Bedürftigkeiten, sogar seinem Trotz unterordnen sollen oder sich ihm dienstbeflissen zur Seite stellen? Nein, genau das heißt es nicht. Vielleicht muss ich diesen Punkt noch etwas deutlicher machen.

Eltern müssen durch ihre Präsenz »überragend« wirken. Kinder wollen Eltern nicht als »Partner«, Kinder wollen nicht gleichberechtigt sein. Kinder wollen beschützt werden. Schutz empfinden sie aber nur bei »Stärkeren«. Deshalb hat jedes Kind Sehnsucht nach starken Eltern.

Aber was heißt »stark«? Der entscheidende Satz lautet: *Ein Kind empfindet seine Eltern dann als stark, wenn es sich von ihnen verstanden fühlt.* Dann umfasst die elterliche Präsenz, ihr »Da-Sein«, die gesamte kindliche Welt, das Empfinden des Kindes, seine Wahrnehmung, seine Ordnung und die Störungen in dieser Ordnung, seine Selbstbezogenheiten und seinen Wunsch nach Bindung und Halt.

Solche Eltern sind stark. Das liegt ja auf der Hand.

Sobald Eltern aber Forderungen an ein Kind herantragen, die dieses nicht in sein »Selbst-Empfinden«, nicht in seine Selbst-Bewusstheit einbetten kann, fühlt es sich im Stich gelassen. Dann schrumpft das innere Bild von den überragenden Personen der Kindheit, von Mama und Papa. Dann vermindert sich das »An-sehen«, das die beiden in den Augen ihres kleinen Sohnes oder ihrer Tochter haben. Dann zerbricht auch der Gehorsam.

Können Eltern den Gehorsam dann »konsequent« erzwingen? Nur einen äußeren Gehorsam, eine Fügsamkeit, unter der die kindliche Wut versteckt bleibt. Fördert Wut Bindungen? Nein. Gibt es einen Gehorsam ohne Bindung (um das Wort Liebe nicht abzunutzen)? Nein. Hilft »Konsequenz« und »konsequentes Grenzen-Setzen« dem »Gehorsam auf die Sprünge«? Offensichtlich nicht.

Ist das schwierig zu verstehen? Auch nicht.

Warum halten Eltern – und die gesamte pädagogische Diskussion, soweit sie sich lauthals zu Wort meldet – an den Klischees der »Grenzen«, der »Konsequenz«, am »da muss man auch mal dazwischen gehen« so unvermindert fest – obwohl alle schlichte Vernunft dagegen spricht? Ich vermute: aus Unsicherheit. Ständig fühlen wir uns als Eltern oder als pädagogische Profis verpflichtet, einzugreifen, zu lenken (wir nennen es manchmal euphorisch »fördern«, meinen aber insgeheim »alles im Griff haben«, bloß keine Ablenkungen), zu intervenieren, zu korrigieren. »*Was soll ich denn nur machen?*« lautet bei Elternvorträgen die immer wiederholte Frage – wir »machen« und »tun« und ernten nur Widerstand oder stummen Protest, manchmal wütenden Trotz. Ist man erst einmal mitten in dieser Teufelsspirale gefangen, hat man tatsächlich zum Nachdenken keine Lust mehr, auch keine Ruhe. Man »macht« einfach drauflos. Natürlich geht das schief.

In der therapeutischen Beratung stelle ich immer wieder verblüfft fest, wie viele schier unlösbare Konflikte sich nach einem so schlichten Grundmuster entwickeln. Fest auf ein Ziel fixiert sind die Erziehungsvorgaben, die seelische Realität eines Kindes weicht davon ab, weil sie meist viel komplexer ist als eine Zielvorgabe erfassen kann, Eltern reagieren unruhig, unsicher, haben aber das dringliche Gefühl, da »müsse etwas passieren« – und die Auseinandersetzungen treiben einem Zustand der Unaufhebbarkeit entgegen. Das ist bei Dreijährigen so, bei Dreizehnjährigen auch. Ich werde diesen Gedanken am Beispiel der Pubertät noch ein wenig ausweiten.

Halten wir jetzt erst einmal fest: Kinder wollen starke Eltern – übrigens die 16-Jährigen auch –; Eltern, die sich »verstricken« lassen, sind aber nicht stark. Sie sind auf gleicher Höhe, und das ist nicht gut. »Auf Augenhöhe mit dem Kind« ist ein schöner pädagogischer Grundsatz, er gilt aber nur, wenn er (was ist schon einfach in der Erziehung?) begleitet wird von den alles überragenden Bindungs-Gewissheiten, die im kindlichen Vertrauen entfaltet werden. Wenn Eltern aber nicht als liebevoll und einfühlend, verständnisvoll und stärkend empfunden werden, erwächst, aus versagter Liebe und enttäuschter Sehnsucht – auf beiden Seiten – ein seelisches Desaster. Jeder Kindertherapeut hat fast jeden Tag damit zu tun.

Was folgt daraus? Es folgt etwas ganz Einfaches: Mama und Papa, sagte ich, sind in die frühesten Seelenregungen, in das erste Aufschließen der Sinne, die allerersten Ich-Gefühle und Bewusstseinsschritte eingebunden, sie sind in jeder Faser mit der Entwicklung des kindlichen »Selbst« verknüpft. Auf diese Sicherheit kann jede Erziehung zurückgreifen. Nichts kann sinnvoll sein, was diese »Sicherheiten« in Frage stellt.

Und wenn ein Kind nun trotzt? Wenn es beispielsweise seine Hausaufgaben partout nicht erledigen will? Was dann? Nehmen wir ein Beispiel:

Gerold macht keine Schulaufgaben, auf Biegen und

Brechen nicht. Mama (oder Papa) verhalten sich zunächst ganz vernünftig, dann immer ungeduldiger, zum Schluss drohen sie. »*Wenn du jetzt deine Aufgaben nicht erledigst, gibt es hinterher kein Fernsehen.*« Solche Drohungen sind nicht einmal das Schlimmste. Viel schlimmer ist für Gerold, dass Mama und Papa auf ihn wütend sind, dabei weiß er sich doch selber nicht zu helfen. Er hat jetzt Angst vor beiden, er hat auch Angst vor den Aufgaben, alles wird immer schlimmer. Wenn er sich den Aufgaben zuwendet, dann weiß er ja jetzt schon, dass der schöne Nachmittag kaputt ist und außerdem versteht er von Mathe nur die Hälfte und von Grammatik überhaupt nichts. Aus *Unlust und Ängstlichkeit entwickelt sich ein grundsätzliches Gefühl von Selbst-Entwertung: Ich bin einfach zu doof für die Schule. Mein bester Freund ist nicht zu doof, aber ich!* Bemüht er sich aber und versagt bei den Aufgaben, stellt er sich schon wieder blöd an, und kommt er »bei jeder Kleinigkeit zu Papa gelaufen«, dann sind die Eltern auch enttäuscht und werden wieder wütend. Wenn er sich auf die Aufgaben gar nicht erst einlässt (»hat ja doch keinen Sinn!«), dann versuchen Mama und Papa ihn mit Schimpfen und manchmal Anschreien zu zwingen – Papa kriegt immer gleich einen hochroten Kopf dabei – , und wenn er sie versucht und alles geht schief, schimpfen sie auch. Nein, Gerold weiß keinen Ausweg.

Wenn Eltern diese Unlösbarkeit des kindlichen Konfliktes partout nicht zur Kenntnis nehmen, sondern immer weiter drängen und darauf pochen, dass die Aufgaben *jetzt* erledigt werden müssen, der nächste Mathe-Test rückt ja immer näher – verhalten sie sich dann hilfreich, besonnen, fördernd? Wirken sie »erwachsen« oder nicht auf eine seltsame Weise selbst kindisch?

Sie sind wie Gerold von Ängsten getrieben, von zwei Ängsten sogar. Zum einen von der unbewussten Kinderangst zu versagen, die in vielen Eltern und vermutlich in uns allen lauert. Schulängste, die fast jeder einmal durchlitten hat, machen sich bemerkbar, sie sind stark, irgendwie sind sie unabweisbar. So geht es uns allen: Jetzt werden wir Eltern ungeduldig, wir wollen diese Erinnerungen nicht, die damals so peinigenden Gefühle sollen uns nicht – horchen wir nur einmal ganz genau in uns hinein – wieder einholen; und angesichts unserer wieder aufsteigenden Kinderängste geben wir in ganz infantiler Weise dem Kind »die Schuld«: »*Willst Du wohl endlich lernen!*« – so, als ob dadurch auch unsere eigenen Ängste beschwichtigt würden.

So viel Unerbittlichkeit und Verkrampftheit wegen erledigter oder nicht erledigter Hausaufgaben! Was hilft? Erwachsen-Sein, das ist die Pflicht von Eltern, und keiner soll sagen, dass sie leicht zu erfüllen ist. Heißt: Ein erwachsener Mensch kann seine Befangenheit in alten Ängsten sehr wohl reflektieren, ins Bewusstsein heben, daraus kann sich sogar eine Art spontanes Mitempfinden mit der aktuellen Angst eines Kindes wie Gerold entfalten. Mitempfinden ist nicht »Miterleben«, dazwischen liegt die beruhigende Distanz eines erwachsenen Lebens. Ein maßvolles, in gewisser Weise distanziertes und freundliches Mitgefühl *(»Ach, das fühlst du, ich habe dasselbe gefühlt, es tut mir leid für dich!«)* teilt sich einem Kind mit, es muss nicht einmal ausgesprochen werden. Das ist dann Trost und mehr als Trost. Mama oder Papa sind jetzt nicht mehr auf »der anderen Seite«, nicht mehr das bedrohliche Gegenüber, das zwingen will und die Angst vermehrt. *Jetzt* sind sie Verbündete.

Übrigens ist just dies eine der Chancen, die unsere Kinder uns zuteil werden lassen: Wir können unsere eigene Kindheit mit dem liebevoll-verständigen Mitgefühl, das besänftigenden, versöhnlichen Charakter hat, noch einmal beleben und in gewisser Weise »anders« erinnern. Je mehr wir uns dabei Gerold oder sonst einem Kind zu- und von den alten Ängsten abwenden, desto mehr gelingt uns neben der (beiläufigen) Bearbeitung der eigenen Lebensgeschichte auch der erzieherische Erfolg: Jetzt sind wir wieder stark in den Augen unseres Kindes, wir haben es ja verstanden.

Aber die Dinge sind ja immer so verflixt kompliziert. Es kann nämlich durchaus passieren, dass Sie sich zwar voller Mitgefühl und Empfindsamkeit Ihrem eigenen Kind zuwenden, dieses aber auf seinem Trotz beharrt. Nein, es will seine Aufgaben nicht erledigen, es will partout die sinnlose Anstrengung nicht auf sich nehmen (viele Hausaufgaben sind übrigens tatsächlich schlicht blödsinnig), es will nicht »lernen«.

Nun ja, wozu hat ein Kind Eltern? Sie wollen nicht, dass es sich in seinem Trotz verstrickt, sie wollen ihm aber auch ein totales Versagen beim nächsten Mathe-Test ersparen. »Richtiges Verhalten« in der Erziehung führt leider weder bei Schulaufgaben noch bei anderen Konflikten dazu, dass diese sich auflösen wie ein böser Traum beim Aufwachen. Erziehung »funktioniert« nicht.

Aber Sie haben ja inzwischen mit Distanz und Mitgefühl, mit Selbstbewusstheit und tröstender Präsenz eine ziemlich klare, stützende Stabilität in den Augen Ihres Kindes erarbeitet. Beides brauchen Sie jetzt auch.

Ist Ihre Präsenz tröstlich, ist Ihr Mitempfinden spürbar, aber nicht überschwänglich, sondern kraftvoll, empfindet

Ihr Kind Sie tatsächlich als Verbündeten gegenüber »der blöden Schule«, dann, aber nur dann dürfen Sie sich so verhalten, wie es unsere Gehorsamspädagogen, diese verängstigten und schwachen Seelen, von Anfang an gefordert hätten. Voreilig, denn ein jegliches hat seine Zeit. Erst Mitgefühl und Trost. Und dann setzen Sie sich durch. Die Hausaufgaben müssen gemacht werden, basta! – allerdings in einem vernünftigen zeitlichen Rahmen.

Ist dieses unwillkommene »Basta« in der Erziehung nicht ein strikter Widerspruch zu den eben noch empfohlenen weichen erzieherischen Eigenschaften? Eben nicht, nicht in den Augen des kleinen Gerold. *»Wer mich trösten kann, ist stark, an den lehne ich mich an – jetzt muss der sich aber auch ein- und durchsetzen, sonst schaffe ich das blöde Mathe nie und die ganze Trösterei hat auch nicht viel geholfen«.* Kurzum: Wer »mitfühlt«, ist auf meiner Seite, Mama und Papa immer zuerst, das weiß Gerold jetzt, danach müssen Sie die Sache aber auch in den Griff kriegen. Kinder sind nie widerspruchslos, sie sind empfindsam und sentimental, aber auch ziemlich realistisch und derb mit sich selbst. Elterliche Autorität verkörpert beides: Mitgefühl bis an die Grenze der Sentimentalität, aber nicht darüber hinaus! Und ein kräftiges bewältigendes *»Jetzt fangen wir an, und du tust, was ich gesagt habe – ich bin schließlich dein Vater«.*

In der richtigen Reihenfolge!

Ist das nicht widersprüchlich? Ach nein, nicht ganz logisch vielleicht. Aber wer redet von Logik, wenn es um Kinder geht?

Der verlorene Sohn kehrt zurück, und dann passiert ein Unglück

Stellen wir uns vor, das schöne Gleichnis aus dem Neuen Testament vom verlorenen Sohn sei ganz anders ausgegangen. Der Vater hätte die moderne Disziplin und Strafpädagogik verinnerlicht, er sei der festen Überzeugung, dass auf eine gute Tat eine Belohnung und auf eine schlechte Tat eine Bestrafung zu erfolgen habe.

Wie hätte er dann wohl den verlorenen Sohn empfangen?

Wir erinnern uns, wie Jesus dieses Gleichnis erzählt haben soll und schauen, wie es in dem Jesus-Buch von Papst Benedikt XVI. nacherzählt und interpretiert wird. Der Vater empfängt den Sohn, der ihn unter Verletzung aller Regeln und Treuepflichten im Stich gelassen hatte, der sich jahrelang in der Fremde herumgetrieben und keinen Deut um den Erhalt des väterlichen Hofes gekümmert hatte, mit Freude. Unsäglicher, väterlicher Freude.

Er breitet die Arme aus und sagt: »*Du bist mein Sohn, alles, was mein ist, ist dein, und alles, was dein ist, ist mein.*«

Die Betonung liegt zunächst auf dem zweiten Teil: »*und alles, was dein ist, ist mein*«. Damit ist nicht Besitz gemeint – wie seltsam eigentlich, dass wir sofort in Besitz und Gütern denken – nein, der Vater sieht tiefer, er spricht von einer Vater-Sohn-Bindung ganz eigener Art.

Was er vordringlich meint, ist dies: Auch in *seinem* Wesen lag dieses Umherziehen, das Streunen, das Suchen nach dem Abenteuer und der Fremde, das Verlassen von Haus und Hof und das Verlassen aller Sicherheiten, vielleicht sogar der Bruch aller Versprechungen an Frau und Kinder. Alles ist auch »seines«, des Vaters.

All das hat auch als Antrieb und Sehnsucht in ihm gelegen, verborgen vielleicht, ungelebt in jedem Fall.

Der Vater war zu Hause geblieben, bei der Frau und den beiden Söhnen, hatte sie großgezogen wie das Gesetz und sein Gewissen ihm befahlen. Der Vater war väterlich geblieben. Und eben weil er dies war, musste der Sohn ausbrechen.

Einer der Söhne jedenfalls, in der Regel – so auch die Erfahrung aus modernen Kindertherapien – der jüngste Sohn. Diese Söhne suchen ein anderes Glück als das, was sie beim Vater erfahren haben. Sie brechen aus, nicht, weil sie untreu sind, sondern weil sie durch die väterliche Großmut so mutig und unbekümmert geworden sind.

Und manchmal rennen sie in ihr Unglück.

Das Glück hatte der »verlorene Sohn« in der Fremde auch nicht gefunden, offensichtlich war er irgendwie zurecht gekommen, jetzt kehrte er, müde und erschöpft, mit leeren Händen auf den Hof des Vaters zurück. Und wurde dort mit weit offenen Armen empfangen. Warum? Nun, der Vater hat es ja gesagt: *»Du bist mein Sohn.«* Er beschwor die unabänderliche Bindung von Vater und Sohn. Kein Vergehen, keine Regelverletzung, kein Verlassen-Werden hatte diese Liebe erschüttern können.

Aber auf dem Hintergrund der Liebe erhob sich eine weitere Einsicht des Vaters in sein eigenes, vielschichtiges Selbst: *»Dein ist mein«* bedeutet auch: Ich bin im Geheimen wie du. »*Was du erlebt hast in der Fremde, was du an Sehnsüchten gespeichert, woran du gescheitert bist und was du mit großem Mut an Wagnis auf dich genommen hast, auch dies ist nun alles meins. Ich, der Vater, bin bereichert durch den Sohn, nicht obwohl, sondern weil er mich verlassen hat.*«

Spüren wir, welche Intensität des Austausches in der Vater-Sohn-Bindung berührt wird? Warum ist in der modernen Pädagogik, die psychoanalytisch belehrt sein könnte, davon überhaupt nicht die Rede? Was des Vaters ist, ist auch des Sohnes, und umgekehrt: Was der Sohn, von der väterlichen Liebe getragen und ermutigt, bewirkt, das ist auch Teil des väterlichen Erlebens.

Und ganz nebenbei: Spüren wir wirklich nicht, wie jegliche Straf- und Kontrollpädagogik entlang solcher Einsichten banal wirkt, müde, verarmt an Erwartungen angesichts eines Lebens mit Kindern?

Die Vater-Sohn-Bindung wuchs über das, was der Vater an Treue und Beständigkeit, an Fleiß und Besitz angesammelt hatte, und das, was der Sohn an Wagemut, Begegnung mit dem Fremden, Vorstoß ins Unerforschte erlebt hatte, hinaus in eine Bindung, die das Individuelle überschritt. »*Was dein ist, ist mein, was mein ist, ist dein. – Du bist mein Sohn.*« Nein, es ist nicht (nur) so, wie es eine moralisierende Interpretation behauptet, dass der Sohn reuevoll zurückkehrt –, es ist gleichzeitig so, dass der Sohn den Vater bereichert und er tut es in doppelter Weise: Er unterstreicht mit seiner Rückkehr die Innigkeit, ja Unumstößlichkeit der Bindung, er tut es auch in dem Vertrauen, das nötig war, um so müde und erschöpft zum Vater zurückzukehren. Ja, er ging davon aus, dass er mit offenen Armen aufgenommen wird. Er war ja der Sohn!

Nicht Reue bringt ihn heim, sondern Vertrauen. Das Vertrauen wird belohnt, auch dadurch, dass der Vater, indem er den Sohn mit offenen Armen aufnimmt, sein Vater-Sein auf schöne Weise verwirklicht. Entgegen allem Anschein ist es so, dass nicht nur der Vater den Sohn, sondern ebenso der Sohn den Vater stärkt. Eine wunderbare Geschichte von Bindung und Treue, aber sie ist noch nicht zu Ende.

Was ist mit dem älteren Sohn? Dem, der zu Hause geblieben, alle Gesetze geachtet, den Acker bestellt und die Mühen auf sich genommen hatte? Er verfällt in Zorn.

Er sieht sich betrogen, seine Mühe entwertet, die Beschränkung seines Lebens wird nicht entlohnt. Sein Zorn ist ein doppelter. Die folgende Interpretation schlägt auch der Papst in seinem Jesus-Buch vor: »*In diesem Zorn verborgen lag dieselbe Sehnsucht, die den zweiten Bruder fortgetrieben hatte. Auch der Ältere wäre gern aufgebrochen, hätte die Fremde erfahren, Haus und Hof und die engen Gesetze verlassen. Er traute sich nicht, er blieb in der Pflicht.*« Sein Zorn ist der eines Menschen, der sich um seinen Verdienst gebracht sieht. Es ist ein gedrückter, egoistischer Zorn, darunter verbirgt sich das Versagen, das diesen Charakter geprägt hat. Er hat sich nie zu einem eigenen Leben aufgemacht, er blieb eingepfercht in die Regeln der Arbeit des Hofes, des Besitzes, den er, der Sesshafte, nicht verlassen mochte. Seine Sinne sind beschränkt auf Mühe und Verdienst, Gesetz und Belohnung.

Er ist die Verkörperung jenes archetypischen Denkens, dem wir in der Straf- und Kontrollpädagogik heute wieder begegnen. Alle Tat muss gerecht bewertet werden, sonst geschieht ein Unrecht. (Bernhard Bueb spricht davon, dass sonst das »Weltgefüge … nicht im Lot« sei).

Der ältere Sohn ist niemals aufgebrochen, er hat zu wenig von seinem Leben gelebt. Das Versäumte reift nun als Zorn heran und will nicht wieder still werden. Er will Strafe, Gerechtigkeit, lauter hohl tönende Begriffe, die um ein leeres wütendes Selbst kreisen. Der Vater weist ihn zurück. Damit endet das Gleichnis.

Versöhnung steht am Ende der Geschichte, die Trennung von Vater und Sohn ging ihr voraus. In unserer täglichen Erziehung verhält es sich anders: Die Versöhnung steht am Anfang. Sie ist Grundlage jeder Erziehung, sonst gelingt sie nicht.

Was wirklich zählt

Vor einigen Jahren machte eine Untersuchung eines amerikanischen Psychologenehepaares Furore. Sie hatten behauptet, dass die Bedeutung der Eltern bei der Entwicklung völlig überschätzt werde. In umständlichen Studien (empirisch abgesichert, versteht sich) zeigten sie, dass die Wünsche und Intentionen der Eltern für die Berufswahl und den Berufserfolg ihrer Kinder kaum Bedeutung hatten.

Ich kann die »Signifikanz« dieser Zahlen weder bestreiten noch belegen, sie ist mir auch gleichgültig. Wichtig ist etwas anderes: Die beiden verheirateten Psychologen untersuchten einen Irrtum, dem auch viele deutsche Eltern verfallen sind, die glauben, dass ihre Intentionen, ihre Ziele, ihre Erziehungsabsichten für die Entwicklung der Kinder von Bedeutung seien. Das sind sie aber nicht, jedenfalls nicht wesentlich.

Von Bedeutung ist etwas ganz anderes. Bedeutsam sind die vielen kleinen Blicke, der Austausch zwischen Mutter und Kind beim Abendtisch, das einverständige Gespräch zwischen Vater und Sohn zwischen Tür und Angel, die Atmosphäre, besser gesagt, die »Kultur« einer Familie – sie entscheidet über Glück und Unglück der Kinder und damit auch über ihren Lebenserfolg.

Die Pläne der Eltern sind dabei absolut zweitrangig. Wer sein Kind zum beruflichen Erfolg treibt und zerrt, wird allenfalls insofern eine Wirkung erzielen, dass er einen Versager heranzieht. Viel Druck macht ängstlich, und ängstliche Kinder sind nicht selbstbewusst, ganz im Gegenteil: Sie wissen sich nicht darzustellen, wirken meist gehemmt und bereits wenig kreativ, aber das ist ja bekannt. (Warum finden dann allerdings die Straf- und Konsequenzpädagogen immer noch so viel Gehör – wir wissen doch, dass sie nur Unglück anrichten.)

Die positive Seite ist interessanter – einer deutschen Gewohnheit folgend wird sie allgemein als Problem dargestellt: Vorwiegend gebildete Eltern haben schulisch erfolgreiche Kinder. Ist dies tatsächlich damit zu erklären, dass solche Eltern ihre Kinder zum Lernen anhalten, dass sie jeden Test penibel mit ihren Kleinen vorbereiten? Nein, je klüger – was nicht unbedingt dasselbe bedeutet wie »gebildet«, aber das ist ein anderes Thema – Eltern sind, desto weniger werden sie sich auf diese sture Paukerei einlassen.

Sie haben trotzdem Erfolg.

Vielleicht kann auf den Grundschulen mit emsigem Fleiß schulischer Erfolg erreicht (oder erzwungen) werden. Das hat allerdings auch mit dem oft recht oberflächlichen Charakter des Lernens in manchen Grundschulen zu tun, wenn es dort immer noch reicht, dass man die einfachsten Rechenvorgänge und die richtigen Wortbilder einfach auswendig lernt. In späteren Schuljahren, spätestens ab dem 6. oder 7. Schuljahr, sind gelegentliche Ausbrüche von Schülerfleiß zwar nützlich (und bei Eltern hoch willkommen), machen aber nur Sinn, wenn sie mit eigenen geistigen Leistungen verschmelzen; dann gilt es nämlich, Texte sinnhaft zu erfassen und mathematische Formeln nicht stereotyp anzuwenden, sondern sie zu verstehen, um daraus neue, noch unbekannte Lösungen abzuleiten.

Spätestens hier versagen die Kinder, die mit Kontrolle und einer ganzen Latte an Motivationsübungen zum schulischen Erfolg gebracht wurden. Hier versagen die Kinder, deren Eltern nur Leistung im Kopf hatten und sonst nichts.

Was unterscheidet also die erfolgreiche Erziehung mancher Eltern von der erfolglosen? Klugheit, Intelligenz, Wachsamkeit – und dies sind alles Eigenarten, die sich nicht auf geforderte Stoffe und Inhalte hin einzwängen lassen, sondern immer darüber hinausschauen. Neugier drängt immer in mehr als eine Richtung, danach muss man sie wieder einfangen. Aber immer der Reihe nach, erst intelligente Wachsamkeit und Aufmerksamkeit in alle Himmelsrichtungen, dann darf man das viele Gesehene wieder einfangen und ordnen. Ordnung und Fleiß ohne Neugier und Intelligenz führen direkt in eine geordnete Leere.

Geistig wache Menschen starren nicht stur und kontrollierend (weder sich selber noch andere kontrollierend) auf ihr vorgegebenes Ziel. Sie stellen das Ziel fortwährend in Frage, sie haben Spaß an der Entfaltung und der Veränderung von Aufgabenstellungen in ganz neuartiger Weise. Sie »folgen« nicht einfach, sie kennen neben der »Folgsamkeit« auch das Lob des Zweifels. Zweifel macht intelligent, Zweifel machen selbstständig und schlau.

So, wie man bei verzweifelter Hinlenkung zum Schulerfolg letztlich Schulversager erzieht, so erzieht man, wenn man nichts als Folgsamkeit und Gehorsam im Kopf hat, rebellische, wütende und/oder geduckte Kinder. Die Intentionen der Eltern spielen dabei kaum eine Rolle. Das

Nicht-Gewusste ist viel stärker. Es ist der Austausch der Blicke, das kleine absichtslose Lächeln beim Spaziergang – das prägt.

Solche positiven Blicke, solch ein freundliches Lächeln haben eine Tendenz, sich zu *verallgemeinern*. Sie gelten nicht nur für diesen oder jenen Augenblick, sie gelten und wirken weit darüber hinaus.

Für Kontrolle und erst recht für Strafe gilt exakt das Gegenteil. Kontrolle versagt, sobald sie aussetzt, dann hat sie keine Bedeutung mehr. Strafen versiegen und werden vergessen oder verdrängt, sobald sie beendet sind. Diese ganze Strafpädagogik ist extrem kurzatmig. Sie bewirkt nichts, außer kurzfristigen Reaktionen eines Kindes, meist die von Angst und Zorn.

All das, was Erziehung ausmacht, muss auf Generalisierung angelegt sein, muss auch über den Augenblick hinaus gelten, muss eine *Bedeutung in sich* tragen, die vom Kind nicht nur aufgenommen, sondern unabhängig von Vater und Mutter fortgeführt wird. Letztlich ein Leben lang. Von der Liebe kann man diese Kraft mit Fug und Recht behaupten.

Von Strafe und Kontrolle nicht.

Regeln oder nicht Regeln – oder: wie komisch und cool Kinderwünsche manchmal sind

Wir müssen jetzt gehörig aufpassen, dass wir mit den Überlegungen nicht auf ein falsches Gleis kommen. Will ich mit meinem – manchmal leicht polemischen – Plädoyer gegen die »Disziplin« sagen, dass Kinder nicht gehorchen sollen, dass sie Regeln missachten dürfen, dass nicht gilt, was Vater, Mutter oder ein Lehrer gesagt haben? Nein, im Gegenteil, ich verteidige sie. Meine Argumentation läuft ja darauf hinaus, dass die starre Regeleinhaltung, diese rücksichtslose und sture Durchsetzung von Normen ein Kind eben nicht gehorsam macht, ich will, mit anderen Worten, die Notwendigkeit und den Sinn von Regeln und Übereinkünften nicht ausschließen, sondern *ermöglichen*.

Ja, ich bin für Regeln, ich bin durchaus dafür, dass Kinder Erwachsenen Achtung entgegenbringen, vor dem Wort Respekt habe ich nicht die geringste Berührungsfurcht.

Autorität, wenn sie eine beschützende und eine gütige ist, tut unseren Kindern gut, und sie wissen das auch. Sie verlangen danach.

Aber kein Kind auf dieser Welt – jedenfalls kein seelisch gesundes – verlangt nach starrer Disziplinierung und pingelig-penetranter Befolgung von Anweisungen. Kein Kind, es sei denn, es ist schon ganz zerbrochen!

Um diesen anderen Aspekt zu unterstreichen, will ich Ihnen eine kleine Geschichte erzählen.

Doch zuerst eine Vorbemerkung, sie ist notwendig, um den wenigen Feinden, die ich mir im Lauf der Jahre mühsam erarbeitet habe, den Wind aus den Segeln zu nehmen: Nein, ich habe keines meiner Kinder ein einziges Mal geschlagen, nie Schläge angedroht, nicht einmal eine Strafe (aber das ist eine Extremposition, ich weiß es, die ich der Großmut meiner Kinder verdanke), ich habe wenig Prinzipien, aber ein unumstößliches: Kinder darf man nicht bedrohen, weder körperlich noch seelisch. Alles klar? Jetzt kommt meine kleine Geschichte.

Sie passierte vor einigen Jahren, da war mein Sohn, der sich jetzt gerade mit dem Abitur abmüht, etwa 12 Jahre alt. Eines Tages kam er zu mir und sagte: »*Papa, meine Freunde werfen im Unterricht mit Papierschwalben nach unserem Mathelehrer. Darf ich das auch?*«

Ich schluckte zweimal, dann hatte ich mich wieder gefasst und antwortete mit tiefstem Ernst: »*Pass auf, Söhnchen, ein Mathematiklehrer (oder irgendein anderer Lehrer), der sich von minderjährigen Wesen Papierschwalben an den Kopf werfen lässt, verdient nicht das geringste Mitleid. Aber das setzt eine andere Regel überhaupt nicht außer Kraft und die lautet: Er ist der Lehrer, du bist der Schüler. Du bringst ihm einen gewissen Respekt entgegen! Mit anderen Worten: Schwalben sind verboten.*«

Der Kleine nickte. Wenn Papa das sagte, dann war es damit entschieden. Am nächsten Tag kam er bekümmert zu mir und sagte: »*Papa, meine Freunde sagen jetzt, ich bin ein Streber. Was soll ich denn machen?*«

Ein ernstes Problem für einen 12-Jährigen. Man darf so etwas nicht unterschätzen!

Ich grübelte still vor mich hin, fand aber keine vernünftige Lösung und rettete mich in einen Witz. Ich sagte: »*Sohn, du sagst deinen Freunden, dein Papa verhaut dich, wenn du Papierschwalben schmeißt. Und dann sagst du: Wollt ihr, meine besten Freunde, dass ich Prügel kriege? Das könnt ihr doch nicht wollen! Überzeugend, oder?*«

Der Sohn fand das auch, nickte wieder, und erläuterte – zu meiner totalen Überraschung – am nächsten Morgen seinen Freunden, dass er mit Papierschwalben nicht werfen dürfe, »*sonst setzt es was!*«

Nun kommt die Pointe der Geschichte. Am nächsten Tag kreuzten reihenweise junge Menschen an unserer Wohnungstür auf, die ich zuvor noch nie gesehen hatte, gaben sich als beste Freunde meines Sohnes zu erkennen und fragten als allererstes, die Nase hin und her wendend: »*Wo ist denn dein Papa!!*« Sie waren einfach zu neugierig auf diesen merkwürdigen Dinosaurier, der seinen väterlichen Willen einfach durchsetzt und dabei überhaupt keine Abstriche zulässt. Der nicht gleichberechtigt-demokratisch debattiert, keine Familienkonferenz einberuft, sondern einfach beharrt: »*Du tust (oder lässt), was ich gesagt habe, basta!*«

»Basta« sagt man in einer demokratischen Gesellschaft nicht. Gehört sich einfach nicht. Aber Jungen im Alter von 8 bis 14 Jahren wissen das nicht, sie finden eine entschiedene Anweisung ihrer Väter (leider kaum die ihrer Mütter, aber das ist anderes Thema!) durchaus sinnvoll.

Ist das ein Widerspruch zu dem, was ich vorher ausgeführt habe? Nein, im Gegenteil. Eine klare Sprache hat etwas Großzügiges, sie ist nicht eng, sie darf freilich nicht diesen schnarrenden Kommandoton eines Bernhard Bueb haben, vielmehr sollte in ihr etwas Leichtigkeit der Selbstironie, ein wenig gelassene Distanz zur eigenen Autorität (gerade dann, wenn man es ganz ernst meint) mitschwingen – dann fühlen sich die Söhne (und die Töchter auf etwas andere Weise genauso) wie befreit; endlich Klarheit, Eindeutigkeit, ohne Einbuße an ihrem Selbstbewusstsein. Einfach ist das nicht, es ist eine kleine Kunst, Erziehungskunst, Liebeskunst, aber meist geht es eben gut – so wie mit meiner ironisch und selbstironisch gemeinten Androhung von Prügel, die mein Sohn durchaus richtig verstanden hatte – sowohl ihren ernst gemeinten wie den weniger ernst gemeinten Teil. Und das ist für einen 12-Jährigen keine geringe Leistung.

Ich habe zwar keine Ahnung, ob seine Freunde nicht weiterhin Papierschwalben durch den Klassenraum segeln ließen, es ist mir auch herzlich gleichgültig. Ich hege aber die Vermutung, dass es mindestens in den nächsten Stunden deutlich weniger Schwalben waren. Dieser unglückliche Mathematiklehrer könnte sich ja mal bei mir bedanken.

Warum Großherzigkeit so wichtig ist

Also noch einmal: Großherzigkeit der Erziehenden ist eine zentrale Voraussetzung dafür, dass Kinder intelligent, froh und selbstbewusst werden. Die Psychologie spricht nicht von einem »selbstbewussten Kind«, sondern von dem »kohärenten Selbst« eines ichstarken Kindes. Klingt etwas umständlich, meint aber etwas durchaus Wichtiges.

»Kohärent« heißt, dass selbstbewusste und stabile Kinder sich dadurch auszeichnen, dass sie in der Lage sind, auch disparate, auseinanderdriftende Informationen und Gefühle zu »integrieren«. Sie können sich in lebhafter und intelligenter Weise der einen Information zuwenden, dem einem Gefühl widmen und dann, fast gleichzeitig, einem anderen, vielleicht sogar gegenläufigen. Sie können zwischen beiden Verbindungen herstellen – zwischen verschiedenartigen Informationen ebenso wie zwiespältigen Gefühlen – und daraus spontane Entscheidungen herbeiführen. Aus dieser Integrationskraft des heranwachsenden Selbst formt sich, Schritt um Schritt, ein Wille, der selbstbestimmt und rücksichtsvoll zugleich ist, der langfristig zu planen versteht und sein Ziel über Widerstände hinweg konsequent verfolgt.

Ist das nicht seltsam: Je sturer der Ego-Wille eines Kindes ist, weil es unreif frühkindlichen Entwicklungsphasen verhaftet geblieben ist, desto weniger kommt es mit diesem Willen zu einem befriedigenden Ziel. Oder: Je mehr Ego, desto weniger »Selbst«. Jede autoritäre Durchsetzung von Erziehungsprinzipien macht aber unselbstständig, lässt die Kinder kindisch bleiben, egozentrisch wie Dreijährige, und wirkt der Bildung eines stabilen Selbst entgegen.

Führen Sie sich einmal den letzten Tag vor Augen und fragen Sie sich, ob es dabei nur eine einzige Situation gegeben hat, in der alles ganz und gar eindeutig war. In der es nur eine Option gab, nur eine Möglichkeit zu »richtigem« Verhalten und keine andere. Sie werden höchstwahrscheinlich nicht eine einzige solche Situation finden – nun gut, in einer Fülle von Ereignissen eines ganzen Tages vielleicht eine. Eine winzig kleine, mehr nicht.

Wir erziehen unsere Kinder aber gerne so, als wäre im

Leben alles ganz klar, als gäbe es richtig und falsch und nichts dazwischen. Als wären sie gehorsam oder aufsässig, als wären sie friedfertig oder aggressiv und nichts dazwischen. Jede Strafe setzt eigentlich eine ganz unbezweifelbare Eindeutigkeit eines Verhaltens voraus – aber in kaum einer Lebenssituation verhalten wir oder unsere Kinder sich so »eindeutig«. Jede Kontrolle erfasst von dem wirklichen Geschehen immer nur einen Ausschnitt, reduziert also die Komplexität der Situation auf ihren kontrollierbaren Anteil und hemmt das differenzierte Empfinden und Denken eines Kindes.

Sagen wir es einfach so: Prinzipien machen dumm, in der Erziehung wahrscheinlich mehr als anderswo.

»Weitherzigkeit« in der Erziehung heißt, dass ich dem Kind einen freien Raum lasse, in dem es selbst »integrierend« entscheiden kann, ob es sich in die eine oder die andere Richtung wendet, ob es dem einen oder dem anderen Gefühl nachgibt, ob es Zwischenwege sucht, vielleicht auf clevere Lösungen verfällt, auf die ein anderer gar nicht verfallen wäre. Ist es nicht deutlich, dass sich auf diese Weise ein kindliches Selbst stabilisiert? Dass es weniger furchtsam ist, weil das Unvorhersehbare, das ein Leben nun einmal prägt, nicht ängstigt – sondern den kindlichen Mut stimuliert. Dass ein so erzogenes Kind sich angesichts der Uneindeutigkeit einer Situation »herausgefordert« und nicht verstört fühlt und so Zug um Zug eine Selbstbestätigung seiner geistigen und emotionalen Kompetenzen erwirbt.

Disziplin macht dumm, nicht klug

Kinder, die großzügig erzogen werden, sind eigentlich immer intelligentere Kinder. Kinder, die nach sturen Prinzipien erzogen werden, sind in aller Regel die Mitläufer, sie bleiben mittelmäßig. Sie ducken sich ein Leben lang unter den Absolutheitsanspruch von Regeln – insgeheim immer von Strafängsten gepeinigt – aber im jugendlichen und erwachsenen Alltag gibt es solche »Regelhaftigkeit« selten. Sie fühlen sich dann ganz verloren – bei vielen resultiert aus ihrer vergeblichen Suche nach vorgegebener Verbindlichkeit eine Art Zynismus, der einen sehr unangenehmen Charakter hat.

Und: Fast immer haben diese »autoritätsgebundenen« Menschen das heimliche Gefühl, etwas in ihrem Leben versäumt, verfehlt zu haben und so ist ja auch. In ihnen waren Kreativität, Visionen, ein ganz eigener Lebensentwurf angelegt, der förmlich erstickt wurde.

Schließlich neigen nicht wenige Erwachsene dazu, die Disziplinierungen, die sie in ihrer eigenen Kindheit erlitten haben, vor sich selbst und anderen zu rechtfertigen, denn nur so können sie ihr ängstlich verengtes Weltbild aufrechterhalten. »*Kinder brauchen doch Grenzen, wohin soll das denn führen, wenn jeder macht, was er will?*« – wie sehr spürbar wird doch hinter solchem klischeehaften Denken die Angst vor der Unabwägbarkeit des Lebens und eine in der Kindheit eingehämmerte Lebensangst. Schon die Erwähnung des freien individuellen Willens von Kindern wird heftig abgewehrt, als sei schon der Gedanke daran unter ein magisches Denkverbot gestellt.

Freiheit in jeder Gestalt macht ihnen Angst – weshalb ihnen auch ein Satz wie dieser unmittelbar einleuchtet: »*Jedes Vergehen muss sofort wahrgenommen und geahndet werden*«. Überwachung noch der kleinsten Lebensäußerung von Kindern, alles unter Kontrolle und Strafe gestellt, nur so kommt ihr verängstigtes Weltbild zur Ruhe. Wollen wir, dass unsere Kinder so aufwachsen?

Doch unterhalb dieser »Rationalisierung« webt das dunkle diffuse Gefühl weiter, enttäuscht und betrogen zu sein. Es liegt wie eine dunkle Wolke über dem Leben der Kinder und ihrer Eltern, es verfolgt sie bis ins Alter, es stiftet Friedlosigkeit bis ans Ende.

Aber Vorsicht

Mit Trotz fängt alles an

Das tiefe Geheimnis von Trotz und Ungehorsam: *Mit einem Mal erkenne ich, dass die Welt ganz anders ist als ich. Mit einem Mal erstreckt sich der Raum vor mir, und er ist unbegrenzt.* Die Welt hört nicht auf, wo die Grenzen der elterlichen Wohnung sind und vielleicht noch der Weg zum Supermarkt und zum Kindergarten. Die Welt ist viel weiter, letztlich unendlich. Dieses Gefühl, das sich einstellt, wenn sich der kleine Körper aufrichtet und auf die eigenen Beine stellt, ist zum einen mit der bestürzenden »Erfahrung des Raumes« zu beschreiben, zum anderen mit diesem ebenso ängstigenden Gefühl: »*Ich bin ganz allein auf der Welt, alle sind anders als ich, sogar Mama und Papa*«.

Dies sind natürlich erwachsene Worte, ein erwachsener Versuch, mit einer gewissen Hilflosigkeit zu umschreiben, wie tief das Erschrecken und gleichzeitig – mitten in diesem Erschrecken – die Abenteuerlust, verwoben mit der natürlichen Daseinsfreude, ist, wenn ein Kind empfindet: »*Die anderen sind anders als ich*«, und zugleich: »*Ich bin einzigartig. Mich gibt es nur einmal*«. Ernst Bloch schreibt in seinen Erinnerungen, dass er, als 6-Jähriger auf einer Bank sitzend, plötzlich den gewaltigen Gedanken hatte: *Ich kann niemals aus meiner Haut heraus!* Vor Schreck sei er von der Bank gefallen.

Das ist der Anfang des Intellekts, des Denkens an und

über »Sich-Selbst«. Ist der kindliche Verstand erst einmal so weit entwickelt, dass er Worte für die Gefühle, eine Syntax für die Gefühlsordnung beherrscht, dann wird das fassungslose Erschrecken schon gemildert. Deshalb malen die Kleinen mit Eifer, bringen sämtliche Erinnerungen aufs Papier, woran sich die Freude am Schreiben anschließt (soweit es nicht durch Leistungsansprüche gleich wieder ausgetrieben wird). Aber das Zwei- oder Dreijährige, das kaum über Sprache verfügt, das noch gar keine Ordnung kennt, sondern nur sein im Körper begründetes Ichgefühl, wird von den genannten Erfahrungen getroffen wie von einem Donnerschlag.

Zu diesem Zeitpunkt setzt das Trotzen ein, und zwar mit solch rückhaltloser Wucht, dass viele Eltern davor erschrecken und oft die Nerven verlieren. In der Mitte des Trotzes steckt dieses ganz eigene Gefühl, das aus Verzweiflung und purer Abenteuerlust gemischt ist: *»Ich bin also anders als alle anderen, dann will ich auch ganz und gar Ich sein. Eigentlich hat mir gar keiner etwas zu sagen, eigentlich halte ich mich an gar keine Vorschriften, eigentlich soll die Tante ihre Klappe halten und Mama auch. Und Papa geht mir überhaupt auf die Nerven. Ich will alles sofort, ich will ich sein.«*

Das ist – selbstverständlich wieder in erwachsene Worte gekleidet – das erste radikale Aufwachen eines Ich-Bewusstseins, das immer von der Sehnsucht »zurück zu Mama« begleitet wird. »Trotz« ist eine gewaltige Auflehnung gegen die Tatsache, in einer unversöhnten Welt zu existieren (»anders als alle anderen«), und Trotz ist zugleich der sich radikal gegen die Welt stemmende Wille: *Ich bin ich.* Das erste Ich-Gefühl – es ist von einer verzweifelten und überschwänglichen Radikalität.

In der populären Musik (mal als Schnulzen-Sehnsucht, mal als Fernweh-Schlager), aber ebenso in den wichtigsten Schulen der Philosophie, besonders im Existenzialismus, finden wir diese Basiserfahrung wieder. Ausgesetzt sein, radikal frei, Sartre nannte das »zur Freiheit verurteilt«. Und das soll alles schon in dem kleinen Kopf eines Zwei- oder Dreijährigen vor sich gehen? Ja, so seltsam es auch klingt. Es ist alles schon »da«. Nicht als bewusstes Gefühl, schon gar nicht als Gedanke, nein, ungemindert mit der Wucht des ungehemmten Empfindens. Das überwältigt jedes Kind.

Jetzt schmeißt es sich bei dem geringsten mütterlichen »Nein« auf den Boden, jetzt ist es ganz und gar verzweifelt, wenn die lieb-versorgende Mama sich als böse Mama, als nein-sagende Mama entpuppt, wo eh schon alles so verwirrend und ängstigend ist. Zugleich mit dem radikalen Aufschrei: »*Ich will aber.*«

In diesem »*Ich will aber*« ist gar nicht das »*will*« so entscheidend, sondern das »*Ich*«. »Ich« ist immer noch ein ganz ungeübtes, ganz befremdliches Gefühl. Für uns Erwachsense oft schwer zu begreifen: Wir haben uns so sehr an dieses »Ich« gewöhnt. Aber wenn wir genau in uns hineinhorchen, dann wird, je genauer wir hinhören, je mehr wir uns lauschend und uns suchend »nach innen« bewegen, dieses »Ich« auch immer ungewisser. Was ist Ich? Wir wissen es gar nicht.

Horchen wir nur in uns hinein, es ist alles noch da: der Schmerz der Autonomie, der Wunsch, zurückzufliehen in Mamas Schoß, später stellt sich alles, ebenso verwirrend und gefährdend, im geschlechtlichen Verlangen wieder ein, in der Liebe zwischen Frau und Mann, in der das »Ich« ganz als Ich geliebt werden und sich intensiver empfinden will als je im erwachsenen Leben zuvor und zugleich die körperliche und seelische Verschmelzung mit dem geliebten Menschen fantasiert.

Dann ist alles wieder »da« – und weil wir diese Liebesordnung und -unordnung bewusst erlebt haben, kann sie uns zu Hilfe kommen, wenn wir versuchen, uns dieselben oder ähnliche Gefühle eines Kleinkindes zu vergegenwärtigen.

Was uns in diesem Zusammenhang sofort einfällt: die Pubertät. Erinnern wir uns. Mit 13 oder 14 Jahren hatten wir »plötzlich« das Gefühl, alle Leute schauen uns an. Alle Blicke lagen prüfend auf uns. Das Gefühl »anders und ganz fremd« in dieser Welt zu sein, wie ausgestoßen, stellte sich noch einmal mit Macht ein. In der Pubertät steht seelisch alles wieder radikal »auf der Kippe«, bei der zweiten, schubweisen Weiterentwicklung dieses immer noch befremdlichen »Ich«. Dann trotzen die 14-Jährigen wieder, wie sie es als Dreijährige taten.

Halten wir fest: Trotz ist nicht nur ein erzieherisches Problem, er ist eine Äußerung existenzieller Krisen im frühen Kindesalter und in der Pubertät.

Ordnen wir das Ganze noch etwas. Was Eltern oft einfach als »Trotz« erscheint, sind in Wahrheit sehr unterschiedliche Gefühlsreaktionen, je nach Lebensalter. Bei dem 2½-Jährigen ist es das noch ganz an »Mama« gekoppelte frustrierte Gefühl: »*Ich dachte doch, dass ich die ganze Welt im Griff habe und alles sich nur um mich dreht, und nun sagt Mama Nein.*« Das leitet eine existenzielle Krise ein – das Kind bricht in ein verzweifeltes Trotzgeschrei aus. Bei dem 3½-Jährigen sieht es schon anders aus, sehr viel »selbst«-betonter: »*Ich stehe im Raum und dieser Raum ist unabsehbar, ich bin wie ein gefährdetes einsames Objekt darin, ganz auf mich allein gestellt.«*

Wir finden nicht leicht Worte für diese kindlichen Seelenzustände. Aber wir müssen sie uns ganz radikal, fast ungefiltert, also mit aller rückhaltlosen Wucht vorstellen. Nein, Trotz und Ungehorsam lassen sich mit erzieherischen und moralisierenden Konventionen kaum begreifen. Haben wir das verstanden, dann wird uns auch folgender Gedanke einsichtig: Wenn wir unser Kind durch diese Krisen leiten, beschützend, tröstend, ausgleichend (so weit wir es vermögen, und wir vermögen als Eltern viel, sind gleichwohl machtlos angesichts der existenziellen Gewalt der frühen Krisen), je verlässlicher wir das Kind begleitet, »behütet« und nicht gemaßregelt und kontrolliert oder gar bestraft haben, desto nachhaltiger wird es ein Gefühl von Zuversicht und Dankbarkeit entwickeln. Ich spreche nicht von der moralischen Aufforderung »*Sei mal dankbar*«, ich spreche von einer viel zuverlässigeren Dankbarkeit: Sie ist in der Mitte des wachsenden »Ichs« verankert.

Dankbarkeit erzeugt Respekt. Hat ein Kind von drei, vier oder fünf Jahren in dieser schwierigen Entwicklung nie das Gefühl verloren, dass Mama und Papa wirklich zuverlässig sind, wo die ganze Welt so unverlässlich erscheint: dann stellt sich jetzt und später die Frage nach Gehorsam nicht, jedenfalls nicht in unversöhnlicher Schärfe. Dieses Kind wird immer auf die Stimme dieser Mutter, dieses Vaters horchen. Die väterliche Stimme hat immer noch einen verlässlichen Klang, auch dann, wenn sie einer 14-Jährigen sagt: »*Nichts da, diese Disko ist verboten*« oder »*Um 22.00 Uhr bist du zu Hause, ganz egal, was deine Freundinnen alles dürfen*«. Das ist natürlich ein

Konflikt. Aber im Ich dieses pubertären Kindes, das mit seinen 14 Jahren um eine nächste Stufe seiner Autonomie ringt, hallen das Beschützt-Sein und die Vertrautheit nach. Papas Stimme wird trotzdem maulend und murrend zur Kenntnis genommen, aber sie erzeugt nicht mehr das böse Gefühl totaler Ohnmacht, das Kinder und Jugendliche bei elterlichen Worten so zornig macht.

Was wir in den frühen Kinderjahren für unser Kind geleistet haben, gibt es uns später zurück, teils bewusst, teils unbewusst. Was wir freilich in jenen Jahren versäumten, wird uns, wenn unser Kind 14 oder 15 Jahre alt ist, mit radikaler Wucht um die Ohren geschlagen: entweder als massiver Ungehorsam, manchmal sogar als vollständige Abwendung von den Eltern, oder – und das ist auch nicht besser – als ein immer wiederkehrendes Gefühl infantiler Ohnmacht.

Ganz still auf der Treppe, und ganz allein

Der »stille Stuhl« oder die »stille« Treppe gehören zum Disziplinierungsinstrumentarium einer Erziehungsprozedur, die von vielen Jugendämtern befürwortet, an Hochschulen wissenschaftlich begleitet und auf ihren Erfolg überprüft wird – positiv natürlich –, und in vielen Kursen, in den ersten Staffeln der »Super-Nanny« und wer-weiß-noch-wo seine Spuren hinterlassen hat.

Eine der grausamsten Erziehungsmaßnahmen habe ich bei der Super-Nanny, die noch nie super war, aber immerhin erträglich geworden ist, gesehen. Ein Vater berichtete, wie er seinen dreijährigen Sohn auf die »stille Treppe« geschleift hatte – eine dreiviertel Stunde, erzählte er, habe es gedauert, bis der Kleine endlich »seinen Trotz aufgab« und still sitzen blieb. In seinen Augen glitzerte sein erbarmungsloser Stolz. Wer bei solchem Anblick nicht friert, dem ist nicht zu helfen.

Was hat dieses Kleinkind auf der »Treppe« verloren? Nichts hat es dort verloren, oder – alles!

Kinder von 3 Jahren gehören nicht auf eine Treppe, auf der sie ganz allein hocken bleiben, sie gehören überhaupt nicht an Orte, an denen sie sich isoliert fühlen. Sie gehören in die Obhut von Papa und Mama, und dieser 3-Jährige hat sie verloren. Und was hat er noch verloren – in einem übertragenen Sinn? Er hat, ganz tief und unheilbar, seinen Respekt vor Papa verloren. Er hat seinen Gehorsam verloren.

Das wirkt auf den ersten Blick widersprüchlich. Jetzt endlich pariert er ja, jetzt endlich hat er gelernt, dass Papas Wille stärker ist als seiner und dass er sich nicht durchsetzen kann. Hat er also nicht endlich einmal »Gehorsam« gelernt? Nein, eben nicht. Was für eine unglaublich oberflächliche Betrachtung, die nach innen gewendete Klage eines Kindes, die sich als stumme Resignation zeigt, mit »Gehorsam« zu verwechseln.

Er hat das Vertrauen verloren, und wenn ein Kind das Vertrauen zu Papa verliert, dann empfindet es Papa zwar als übermächtig, sogar gefährlich, bedrohlich, aber alle Kräfte der kleinen Seele spannen sich fortan auf ein einziges Ziel hin: diese väterliche Bedrohung abzuwehren, sie zu mindern, sie klein zu machen.

Mit jedem Monat, den dieser Junge älter wird, gelingt es ihm besser. Mit fünf Jahren wirft er bereits einen überkritischen Blick auf Papa. So toll ist Papa gar nicht! Das empfinden viele Kinder in diesem Alter und sie empfinden es als Enttäuschung. Mit dieser Enttäuschung können sie fertig werden. Dieser Kleine aber, den Papas Übermacht auf die Treppe zwang, empfindet es als Befreiung. So toll ist Papa gar nicht, heißt: »*Mit dem werde ich auch noch fertig werden!*« Vor dem brauche ich keine Angst zu haben. Das habe ich immer gedacht, aber da war ich ja auch noch klein. Die schöne Kindervision, bald bin ich groß, ist jetzt verschwistert mit Feindseligkeit.

Mit sieben Jahren wird er es immer kräftiger fühlen, mit 12 Jahren wird er es ausprobieren. Mal sehen, was passiert, wenn man richtig losbrüllt in Papas Gegenwart. Wenn man ihn anschreit, wenn man ihn mit obszönen

Worten beschimpft. Was macht Papa dann? Das Kind wieder auf eine »stille Treppe« schleifen? Das wird wohl kaum möglich sein. 12-Jährige sind sehr kräftig. Seelisch verarmte oder gar erkaltete erst recht.

Vielleicht brüllt Papa zurück, aber dann hat er sich auf dieselbe Ebene wie dieser Junge begeben, dann ist er dem Jungen ebenbürtig, aber nicht mehr überlegen. Schon wieder ein Triumph!

Vielleicht gibt Papa nach, vielleicht ist er müde, vielleicht hatte er einen miesen Tag in seinem Büro, vielleicht hat er Probleme mit Mama – dem Sohn ist es egal, jedes Zurückweichen des Vaters vor dem kindlichen Zorn empfindet er als erneute Niederlage des Väterlichen.

Der Kleine triumphiert, aber insgeheim bleibt etwas leer in seiner Seele. Er wäre ja viel lieber gehorsam. Er würde viel lieber seinen Papa bewundern, er würde viel lieber zu ihm aufschauen, er würde diesen Mann in den beginnenden Turbulenzen der Pubertät als Vorbild nehmen, als »Fels in der Brandung« empfinden. Stattdessen hat er einen schwachen oder feindselig herumbrüllenden oder gleichgültigen Mann vor sich.

Eltern sollen sich nichts vormachen: Der Augenblick der Resignation, als der Dreijährige auf der Treppe seine Zuversicht und sein Vertrauen in Papas (oder sogar Mamas) Liebe aufgab, wird nicht vergessen werden. Er hört nie wieder auf. Der Junge zahlt es ihnen heim.

Nun spielt mal schön

»Sie spielen ja nur!« – immer noch hört man diesen Satz von Erwachsenen. Dabei muss man doch nur hinschauen: wie komplex das kindliche Spiel ist, wie vielfältig, einfallsreich und sogar voller poetischer Fantasie. Im Kinderspiel allein und mit Anderen finden sich wie in einem Spiegel alle Entwicklungsschritte eines Kindes, sein Erkunden der Welt, seine Ängste, sein Mut und seine uneingeschränkte Daseinsfreude.

Das allererste Spiel, das einen Blick in die kindliche Seele erlaubt, hat Freud beschrieben, er nannte es das »fort-da«-Spiel. Alle Eltern kennen es. Das Kleine mit etwa einem Jahr hält ein Stück Papier vors Gesicht und ruft »foooort« – und dann wartet es aufgeregt, bis Mama oder Papa sehnsuchtsvoll antworten: »Wo ist denn mein Baby?« Strahlend wischt es das Papier vom Gesicht und antwortet beglückt: »Da!« Man benötigt kein psychologisches Studium, um dieses kleine Spiel zu entziffern. Aber etwas ganz Wichtiges wird hier schon deutlich – und wird von vielen Eltern und sogar in der pädagogischen Literatur oft übersehen: Spielen ist nicht nur das Entdecken der Welt (darauf kommen wir gleich), sondern auch die Freude an dem Kontakt, zuerst mit Mama und Papa, dann mit kleinen Spielfreunden und zugleich mit Puppen und Stofftieren und Fantasiefiguren, die für die Entwicklung genauso wichtig sind.

Außerdem bannen diese Spiele die frühkindlichen Ängste, die wir alle aus den Märchen kennen – vor allem die Angst, verlassen und ganz allein und ausgesetzt zu sein wie Hänsel und Gretel.

Das ist die Besonderheit am kindlichen Spiel, immer fließen ganz viele Motive ineinander. Schauen wir einmal genau hin: Der zweite Abschnitt im Spiel sind die Bauklötze, die ein Kind schon ganz allein, aber lieber mit Mama oder Papa oder sonst einem Vertrauten, aufeinander stapelt. Jeder Klotz, der auf den anderen passt, erfüllt das Kind mit Freude, oft sogar einem stillen Jubel: Es lernt sich selber im Spiel kennen. Wie geschickt seine Hände sind, wie es nun schon beginnt, einen kleinen Plan in seinem Kopf zu entwerfen – so und so soll der Turm aussehen – kurzum: Mit jedem Handgriff steigert sich sein intellektuelles Vermögen und zugleich fasst es voller Freude Mut zu sich selber und dazu, diese Welt immer weiter zu erkunden.

So entsteht das fröhliche Selbstbewusstsein, das Kinder so sehr auszeichnet.

Und nun der nächste Schritt: Von den konkreten Sachen, die man anfassen kann, geht es hinüber zu Fantasiefiguren. Die können zum einen ganz real und zum anderen Fantasiewesen sein – »Übergangsobjekte« nannte der Psychoanalytiker Winnicott diese halbwirklichen Wesen, in denen das Liebesbedürfnis und die Tagträume eines Kindes ebenso wirklich sind wie ihre materielle Präsenz aus Stoff oder Plastik. Das Bilderbuch und ein Fernsehfilm, die selbst erfundenen Geschichten, die aufgemalt werden – jedes Mal macht die kindliche Fantasie noch einmal einen gewaltigen Sprung, von den Nur-Objekten hin zu empfundenen, mit Ich-Anteilen gemischten Objekten, und aus beidem formt sich mal magisch, mal ganz auf das Funktionieren der Dinge fokussiert, die Fähigkeit zur Abstraktion, zur Sprache, Zahlen zu verstehen, dann die Anfänge des Buchstabierens, des Schreibens, der Syntax und der algebraischen Ordnungen.

Der Name eines Stofftieres oder einer Puppe ist beispielsweise solch ein Brückenschlag zwischen kindlicher Empfindung und sinnlich-geordneter Wahrnehmung. In den Namen fließt unendlich viel Sprachempfinden ein, der Klang des Namens, die Vertrautheiten, die in ihm mitschwingen, die Geschichten, die ein Held desselben Namens erlebt hat, mal Pippi Langstrumpf, mal Darth Vader, das alles sind liebevolle und manchmal dunkle Formen des Gefühls, in Sprachklänge gebunden und an das »Übergangsobjekt« geheftet.

Nun ist es schon so vielfältig ausgestattet, wie es da ganz harmlos auf dem Bett eines Kindes herumliegt und von den vielen Bedeutungen, die in ihm verborgen sind, nichts weiß: Der Name des Knuddelbärs verrät ein bereits recht weit entwickeltes Sprachempfinden, das Kind sucht aus der Fülle der geordneten Laute einen vertrauten oder auch geheimnisvoll-fremdartigen Klang, jetzt erschafft es mit Sprache, seinem Erfindungsgeist und seinem Erinnerungsvermögen eine real-magische Welt. In der Fantasie herrschen die jeweils seelischen Verfassungen vor, *»Jetzt bin ich wütend, aber groß«*, also heißt die Figur, die der Lieblingsonkel mir gestern schenkte, Darth Vader oder Brummelbär – je nach Alter –; *»Jetzt bin ich vergnügt und selbstbewusst«*, die hübsche Puppe, die Mama auf dem Flohmarkt kaufte, heißt Pippi – *»die und ich, wir zeigen's der Welt«* –; *»Jetzt fühle ich mich kuschelig und Mama ist nicht ›da‹, Opa auch nicht, macht alles nichts«*, denn ein

Stoffwesen namens »Schäfchen« hält die sehnsuchtsvollen Gefühle fest, damit sie nicht wegrutschen und ganz böse oder traurig werden.

Deshalb dürfen Übergangsobjekte nicht allzu viele Eigenarten haben, mit nicht allzu vielen individualisierenden Details ausgestattet sein. Der kindliche Gefühlseifer sucht in dem Objekt seine eigene Wirklichkeit, wenn das Kind ihm seinen Namen gibt oder mit diesem Wesen redet, das gar nicht antworten mag; es ist die Realitätskraft der Sprache, die dem fantasierenden Umgang mit dem »Objekt« eine eigene materielle und gefühlte Gegenwart verleiht. So lernt ein Kind das fühlende Sprechen, lernt Aufmerksamkeit und Zuwendung, die in die Sprachgefühle hineinfließen, lernt Ausgleich und Balance der jeweiligen seelischen Verfassungen, und – freilich auf eine recht komplexe Weise, die ich hier nicht weiter ausführen kann – wie Realität und Fantasie sich verbinden und wie sie wieder auseinanderfallen.

Diesem lebendigen emotionalen und kognitiven Handeln, mit allen Gefühlsschwankungen eng verknüpft, darf also die Eigenart eines Stofftieres nicht im Wege stehen. Deshalb sind die liebsten Puppen und Knuddelbären einander verblüffend ähnlich, haben wenig Besonderheiten, schon gar keine liebevoll ausgemalten – all das würde der kindliche Geist nur als Hemmung seiner ausgreifenden Tätigkeit, als »zuviel Gegenüber« empfinden. Nein, die Übergangsobjekte werden von innen her mit eigenen Zügen und Eigenschaften belehnt, vorgeben lassen Kinder sich die nicht. Das machen sie alles selber. (Übrigens ist es auch bei Computerspielen so, dass die Heroen, die Krieger und »Cops« kein oder kaum ein Gesicht haben, wenig Individualität, jede Besonderheit würde der narzisstischkleinkindhaften Verfügungsmacht und omnipotenten Lust des Spielens widerstreben. An der ästhetischen Gestaltung der computerisierten Figuren lässt sich ablesen, wie infantil und deswegen so bannend diese Spiele sind, das nebenbei.)

Halten wir das fest und kehren zurück zur Sprache im Spiel: Sie benennt Objekte und zunehmend ihr Funktionieren und die Zusammenhänge zu anderen Objekten, sie bindet in dieses Wissen um die Dinge Gefühle und Erinnerungen ein, Unbewusstes und Fantastisches. Ein spielendes Kind agiert immer auf zwei, drei Wirklichkeitsebenen, wobei es zusätzlich die Geschicklichkeit seiner Hände, seines Körpers, die Beweglichkeit der Dinge und der eigenen Bindung an die Dinge usw. in die Sprache und die Gefühle einschreibt. So kompliziert ist das.

Mit der Sprache nimmt es nun bewussten und selbstgesteuerten Kontakt zu anderen Kindern auf. Jetzt erst, durch die vielen Sprach- und Spielerfahrungen mit den Dingen und die Nähe von vertrauten Personen, werden die »anderen Kinder« tatsächlich als Gegenüber, als Erweiterungen des spielenden Selbst und zugleich als »ganz anders« wahrgenommen. Jetzt erst sind sie nicht nur Störungen oder fast ungeschiedene Ausdehnungen des kleinkindlichen Selbst, sondern eigenständige Wesen in einer komplexen Welt, in der das Kind sich »spiegeln«, seine Begabungen und seine Emotionen empfangen und zurückgeben kann. Im *gemeinsamen* Spiel löst es sich – zugleich mit der Erweiterung seines Selbstempfindens – aus der Abhängigkeit zu Mama oder Papa oder einer erwachsenen Betreuungsperson, mit dem Gefühl und der Bindung an die Gruppe der Gleichaltrigen wächst seine individuelle Autonomie.

Wir wollen diese kleine »Sightseeingtour« durch die Spielentwicklung abbrechen – ich will auf Folgendes hinaus: Bereits in dem frühen Befingern der Dinge entfaltet sich der kindliche Geist in sehr unterschiedlicher Weise. Körper und »Ich-Gefühl«, Magisches, Ängstliches und Besänftigendes, Lust daran, die Dinge zum Funktionieren zu bringen, die Abstraktionsschritte mit dem Kern der Sprache – dies alles nimmt Schaden, wenn es von Erwachsenen (oder den Regeln einer Gruppe) zu sehr gelenkt wird. Gemeinsames Spielen ist ein merkwürdiger und anstrengender Balanceakt zwischen Anweisung, Deutung der Objekte und dem Sich-Selbst-Überlassen der kindlichen Tätigkeiten, der intellektuellen, der erkennenden, der fühlenden, der fantasierenden. Zu viel Lenkung, zu viel Regel, zu viel Belehrung (»Schau doch, das Männchen muss auf seinen Füßen stehen«) lähmt die lustvollen Verknüpfungen von Selbst und Ding, das vorbehaltlose Empfinden der Fingerspitzen, der Hände, des ganzen Körpers, das »Verinnerlichen«, das immer ein geistiger und körperlicher Vorgang ist, der Eigenart und des Vertraut-Werdens der Dinge. Zielorientiertes Trainieren dieser und jener kognitiven oder was-weiß-ich-welcher kindlichen Kompetenz lähmt das Ganze; Kinder werden dann sehr schnell müde, missmutig, sie haben ja nur gelernt, aber nicht gespielt.

Wem angesichts des oft geradezu poetischen Spiels und des Wirklichkeitserlebens, das dem unseren oft überlegen erscheint, nichts anderes einfällt, als dass dieses spielende Kind aber unbedingt zwischen »der Realität« und seiner »Fantasie« unterscheiden solle – ein ewiger Topos in der Pädagogik, der in den Computerspiel-Debatten wieder auftritt: Können die Kinder Spiel und Realität am Monitor überhaupt unterscheiden? Natürlich können sie, das ist aber überhaupt nicht das Problem! –, wem angesichts des Einfallsreichtums und der Versunkenheit in der Dingwelt lediglich in den Kopf kommt, dass »auch im Spiel Grenzerfahrungen wichtig sind«, wer gar mit Konsequenz auf einer vernünftigen Abfolge des Spielens beharrt, behindert das Erkunden der Welt, hemmt das »Verinnerlichen« der Eigenart der Dinge, die das Selbst so unvergleichlich beleben, und raubt den Kindern ihre Intelligenz, ohne die es keine Kreativität gibt – und vice versa.

Schwäche ohne Erbarmen, nichts ist bitterer

Mein Vater war ein großzügiger und sensibler Mann. Von Natur aus ausgleichend, vielleicht ein wenig zu sehr zum Kompromiss bereit, was nach den Erfahrungen eines brutalen Krieges, den entbehrungsreichen Jahren und dem Aufbau einer beruflichen Existenz, die auch die Familie sicherte, nicht schwer zu verstehen ist. Er war ein gutherziger Mann, für seine beiden Söhne tat er alles. Er stand für sie ein, er sorgte sich um sie, auch noch in einem Lebensalter, in dem die Söhne eigentlich ganz gut für sich selbst sorgen konnten.

Und dennoch gab es zwei Ereignisse in meiner Kindheit, in denen ihm diese Ausgeglichenheit, die ich intuitiv als Stärke empfand, in der ich mich geborgen fühlte, verloren ging. Beides hatte mit eigenen traumatischen Erlebnissen zu tun, das ist bezeichnend.

Wir geben immer das Traumatisierte in unserer Psyche, die Wunden in uns selbst, an die Kinder weiter. Es sind immer die Kränkungen, die wir selbst erlitten haben, die dazu führen, dass wir unsere Kinder kränken und schließlich von ihnen erneut gekränkt werden. In der Familientherapie lässt sich dieser Zirkel, dieses unselige Verfangensein im Negativen, immer wieder beobachten.

Bei meinem Vater war es so, dass er im Krieg in Russland und in der Gefangenschaft Hunger gelitten hatte, einen Hunger, den ich, nach dem Krieg geboren, gar nicht nachvollziehen konnte. Gewiss, auch ich wuchs auf dem Dorf in Armut auf, habe dies als Kind aber nie empfunden. Ich hatte warme Schuhe an den Füßen, einen warmen Mantel, einen Fußball und jeden Tag ausreichend zu essen, auch wenn es nur Kartoffeln und Rüben waren, mir reichte das, und meinen Freunden auf dem Dorf auch. Nein, wir empfanden die Armut nicht. Denn jene Not, die hinter der Armut lauert, die Not des Hungerns nämlich, haben wir nie erfahren.

Mein Vater kannte sie. Dieses Leiden hatte ihn gekennzeichnet. Und so geschah es, dass er diese für ihn so einschneidende, bittere und seine biotische Existenz bedrohende Erfahrung in negativer Weise an mich weitergab.

Ich mochte die Butterbrote nicht, die meine Mutter mir für die Schule zubereitete, Schmierwurst fand ich ziemlich ekelig (finde ich heute noch), also aß ich die Brote nicht. Aber in der autoritären Kultur meiner Kindheit galt noch der Satz: Es wird gegessen, was auf den Tisch kommt, also auch: Es wird gegessen, was in den Schulranzen kommt. Ich brachte die Butterbrote deshalb heimlich wieder mit nach Hause und versteckte sie, mit der unglücklichen Naivität eines Kindes, in meinem Schubfach im Schrank. Ein eigenes Zimmer hatten wir, mein Bruder und ich, natürlich nicht. Nur ein größeres Fach im Schrank war mein eigen, eigentlich hatten Eltern dort nichts zu suchen.

Aber ich war unordentlich, ein bisschen chaotisch (ich bin es noch!), in meinem Fach herrschte nicht nur Unordnung, sondern ein desaströses Durcheinander. Papier, Spielzeug, Figuren und unerledigte Hausaufgaben stapelten sich darin, und zwar auf solche Weise, dass einem das ganze Kinderchaos entgegengeflogen kam, wenn man die Tür zu meinem Fach öffnete. Dies war meiner Mutter passiert, ein wirres Gewühl auf dem Küchenboden, und so wollte sie Stück für Stück, Papiere, Spielzeug, Figuren und das eine oder andere Schulbuch, wieder einordnen und stieß dabei auf die Butterbrote.

Das rührte an das Trauma meines Vaters. Er war empört, ja entsetzt. Das war eines der ganz wenigen Male, dass ich ihn in meiner Kindheit brüllen hörte, dröhnend mit hochrotem Kopf, Angst erzeugend, weil wohl insgeheim (vom eigenen Trauma bewegt) selbst verängstigt. Er tat, was auch moderne Pädagogen und Erziehungsberater Eltern von unruhigen Kindern raten, er setzte sich durch, er zog Grenzen, er haute mit dem Faust auf den Tisch. Er tat es dröhnend, laut, unbeherrscht und für mich erschreckend, aber nicht beschützend.

In diesem Moment spürte ich nicht eine Spur von Stärke, sondern nur, hinter dem eigenen Erschrecken, seine Schwäche. Der Schreck und das Gefühl der väterlichen Schwäche haben sich mir eingeprägt, ich kann es heute noch nachempfinden. Ich habe es ihm nie verziehen.

Natürlich, in meiner erwachsenen – ach, schon mit der jugendlichen – Vernunft habe ich diese väterliche Reaktion längst verstanden, natürlich habe ich längst aufgewogen, wie unendlich viel dieser Mann für mich getan und geopfert hatte, so dass ein einziger Wutausbruch dagegen geringfügig erscheint. Aber in einer tieferen Schicht meines Empfindens, in den tiefsten Markierungen der kindlichen Psyche bleibt unauslöschlich diese Spur: Das Erschrecken vor der väterlichen Schwäche.

Kinder, die bestraft werden, empfinden immer so. Sie spüren die Schwäche, sie spüren das Verstrickt-Sein, sie spüren insgeheim auch das Unglück, das in der elterlichen Autorität mitschwingt. Kinder können dies so wenig leiden wie das gekränkte Sich-Zurückziehen, was modernen Vätern nachgesagt wird. In ihren Augen, und was viel wichtiger ist, in ihrem Empfinden, bleibt nichts als die Erinnerung an die elterliche »Schwäche«. Wo ihr Bewusstsein verzeiht, verzeiht ihr Unbewusstes noch lange nicht. So wie die Liebe zwischen Eltern und Kindern unsterblich ist, so die Kränkungen auch. Jene Pädagogen, die derzeit wieder durchs Land ziehen und für Disziplin und Strafe plädieren, haben diese Zusammenhänge nicht verstanden. Man darf annehmen, dass sie ihre eigenen Traumata in ihren dumpfen, meist sprachlich sehr ungeschickten Floskeln versteckt haben. Man darf bei diesen überkorrekten und peniblen, zugleich fast immer weichen Strafpredigern davon ausgehen, dass ihr Wille viele Male gebrochen worden ist. Nun können sie selbst keinen starken Willen ertragen, schon gar nicht bei Kindern, sie müssen ihn brechen, bis die frohe Daseins-Lust eines Kindes in sich zusammensinkt und es weint. Dann sind sie zufrieden, haben wieder ihren Frieden, ganz tief drinnen.

    Kinder verzeihen so etwas nicht, da sollten sich autoritäre Eltern keine Illusionen machen. Natürlich, jeder macht Fehler, Eltern sind nicht perfekt und sollen es auch nicht sein, manchmal regen wir uns auf ohne Sinn und Verstand, manchmal explodieren wir, wo der Anlass geringfügig war. Das alles wird von Kindern akzeptiert, solange nicht eine fundamentale Angst, eine traumatische Erfahrung, eine Erschütterung im väterlichen oder mütterlichen Selbst in der aufschießenden Nervosität oder erzieherischen Wut mitschwingt. Kinder wittern dies, sie lassen sich dann von pädagogischen Floskeln auch nicht täuschen. Sie riechen geradezu die elterliche, vor allem die väterliche Schwäche in der Strenge, und sie fühlen, dass eines mit dem anderen innig verbunden ist. Sie fühlen sich betrogen, manche resignieren, aber alle wenden sich – mindestens innerlich – von den Eltern ab. Wie weitgehend, wie lange, woher will man das wissen?

Vorsicht bei Verboten – oder: Jane liebt Tarzan und Tarzan liebt einen Schimpansen

Ich erinnere mich ganz gut: Als 10-Jährige lasen wir alle »Tarzan«. Der König des Dschungels mit seinen dicken Muskeln, die verführerische Jane im Arm, die irgendwo im Busch geduldig auf ihn wartete, und vor allem – viel wichtiger als die englische »Lady Jane« – sein liebster Freund, der Schimpanse. Sie schlugen uns in den Bann.

Die Zeichnungen waren übrigens, wenn man sie heute betrachtet, wunderbar. Und die langen Texte, die in die Bilder hineingeschrieben waren, würde heute kein Kind mehr ertragen. Eine derart komplexe Syntax würden viele gar nicht mehr verstehen. Mindestens würden sie die Geduld dafür nicht aufbringen. Wie auch immer, Tarzan war der Größte, gleich nach oder vor Karl May.

Und so beschlossen mein Bruder und ich seinerzeit, in einem Anflug von Vertrauensseligkeit dem Vater unsere Lieblingslektüre zu zeigen. Ich glaube heute noch, dass er sie gar nicht richtig gelesen hat. Er sah die Bilder, fand sie kitschig, den Urwald und das Muskelpaket blöd, die leicht beschürzte Dame unmoralisch – und überhaupt: Bildergeschichten statt guter Lektüre! Kurzum, er verbot uns Tarzan.

Was war die Folge? Natürlich lasen wir »Tarzan« weiter, heimlich. Ich bin ziemlich sicher, dass wir die Tarzan-Bilder und Tarzan-Abenteuer nach dem Verbot mit viel mehr Intensität in uns aufnahmen, dass uns die Bilder von Urwald und hübschen Mädchen mit amerikanisch-großen Brüsten noch viel verführerischer erschienen als vorher. Dass Tarzan sich just durch das väterliche Verbot zu einer bedeutungsstarken Identifikationsfigur aufschwang.

So viel zur Wirksamkeit von Verboten.

Wichtiger war freilich, dass unser Vertrauen darin, dass Papa schon weiß, was gut und was schlecht ist, doch schwer erschüttert war. Vor Tarzan hatte er jedenfalls eindeutig versagt. Und wenn er bei unserer Lieblingslektüre versagte, dann konnte man seinen Urteilen auch sonst nicht recht trauen. Ich jedenfalls erinnere mich nicht, danach meinen Vater noch ein einziges Mal um sein Geschmacksurteil gebeten zu haben.

Die Moral von der Geschichte: Eltern sollten vorsichtig mit Verboten sein. Verbote sind – bildungsbeflissen gesprochen – »dialektisch«. Sie tragen in dynamischer Weise ihr Gegenteil in sich. Natürlich wollen wir »die Kirche im Dorf lassen«. Das Vertrauen war keineswegs grundsätzlich erschüttert, und meine ganz großen Vorbilder trugen bereits in meinem 12. Lebensjahr andere Namen als Tarzan mit seiner großbusigen Jane. Sicher gibt es Situationen und besonders Medien, bei denen nur ein elterliches Verbot hilft. Solche Comics gibt es, solche Computerspiele und Filme gibt es. Aber sie sind selten. Mit Verboten muss man sparsam umgehen. Ganz genau betrachtet nützen sie nur dann, wenn das Kind insgeheim selbst schon der Meinung ist, dass dieser Comic oder dieses Computerspiel oder diese DVD eigentlich ein ziemlich grauenhafter Quatsch ist. Vertrauen vorausgesetzt, kann ein Verbot dann der kindlichen Vernunft, die noch zögert und sich von dem »Quatsch« doch nicht recht verabschieden mag, auf die Beine helfen.

Aber Verbote, die sich um den Geschmack und die Vorlieben von Kindern keinen Deut kümmern, die von kindlichen Tagträumen und verborgenen Faszinationen keine Ahnung haben, gehen fast immer schief. Dann werden die fragwürdigen Medien kaum eingeschränkt, begrenzt wird nur die Kraft der elterlichen Autorität.

Fleisch oder Fisch: es wird gegessen, was auf den Tisch kommt

Vor wenigen Wochen war ich beim österreichischen Rundfunk, in einer so genannte »Call-in«-Sendung«, bei der die Hörer anrufen und ihre Fragen und Kommentare loswerden können. Eine ganze Stunde, das ist viel Zeit im üblichen Drei-Minuten-Takt moderner Medien. Die Sendung lief unter dem Titel eines meiner früheren Bücher »Gute Autorität«, und aus irgendeinem Grund kamen wir ziemlich bald auf die Frage: *Muss ein Kind essen, was auf den Tisch kommt?*

Wir hätten besser aufpassen sollen, der Moderator und ich, denn wir hatten in ein Wespennest gestochen. Von dem Thema kamen wir die ganze Stunde nicht wieder herunter. Ich war überrascht. Eigentlich hatte ich gedacht oder zumindest gehofft, dass das Thema längst buchstäblich »vom Tisch« sei.

Natürlich, sagte ich, muss ein Kind nicht essen, was auf den Tisch kommt. Welchen Sinn soll das denn machen?

Ich erinnerte mich auch sofort an einen Sommeraufenthalt in einem Kinderheim, irgendwo tief im Westerwald. Alles in allem schöne Tage, ich fand neue Freunde, wir spazierten munter durch den Wald und rannten manchmal so weit weg, dass der netten Erzieherin angst und bange wurde, bis wir strahlend zu ihr zurückgelaufen kamen (»*Haben Sie etwa Angst gehabt?*«).

Mit ihr führten wir vertraute Gespräche, redeten über unsere Familien, sie war eben eine richtig nette Erzieherin, die beim Abschied Tränen in den Augen hatte. Mit ihr wäre nie passiert, was mir dann die ganzen schönen Ferien beinahe verdarb. Noch in der Erinnerung fällt ein Schatten darauf.

Verantwortlich dafür war die Leiterin des Kinderheimes, eine ältere Dame mit strengen Zügen, wir respektierten sie und das war ja auch gut so, aber sie hatte – es handelte sich um die späten 50er-Jahre – ihre Vergangenheit als Kindererzieherin im Faschismus offenbar nicht ganz abgeschüttelt. Bei ihr galt, was in vielen Familien heute wieder gilt und ich längst für überwunden gehalten hatte: Disziplin ist Disziplin, Kinder müssen gehorchen, ganz egal, ob der Erwachsene im Recht ist oder nicht. Auch und ganz besonders beim Essen. Also wird gegessen, was auf den Tisch kommt.

In diesem Fall kam Rosenkohl auf den Tisch des Kinderheimes, ein ziemlich verquetschter und verkochter zu allem Überfluss, er lag schmierig im Mund, mir wurde hundsübel dabei. Aber ich war ja ein Kind und die Dame war eine Erzieherin von der Art, wie sie immer noch nicht ausgestorben ist. Ich sollte allein am Tisch sitzen bleiben, bis ich den Kohl heruntergewürgt hatte. Sie war unerbittlich, mir standen Tränen in den Augen. Die schönen Ferientage waren mir fast vergällt und immer noch erinnere ich mich: Es war gar nicht so sehr das miese Gemüse, das die Tränen aufsteigen ließ, sondern das Gefühl von Ohnmacht.

Ich wusste mich mit meinen neun oder zehn Jahren nicht zur Wehr zu setzen. Ich war zornig und hilflos. Zornige Ohnmacht quält ein Kind bis auf den Grund seiner

Seele. Ich hatte aber Glück. Einer der Freunde, die ich im Heim gefunden hatte, hatte sich heimlich und von den Erziehern – denen mein Rumgedruckse und Rumgekaue auch schon langweilig geworden war – unbemerkt neben mich gesetzt und tapfer eine Hälfte des Kohls runtergeschluckt. Seine Geschmacksnerven waren weniger empfindlich als meine, vor allem aber hatte er nicht dieses unselige Gefühl von Ohnmacht, das mir die Kehle zuschnürte. Er tat es ja freiwillig, er tat es für mich. Ich bin ihm bis heute dankbar. Er hat die Erinnerungen an die Ferien dann doch ein gutes Stück gerettet.

In den 60er-Jahren war ich fest davon ausgegangen, dass dieser Erziehungsquatsch aus der Welt geschafft sei. Ein Kind muss essen, was auf den Tisch kommt? Warum denn? Spätestens dann, wenn es das sei-es-noch-so-gesunde Gemüse mit Widerwillen herunterwürgt, kann von »gesund« nicht mehr die Rede sein, es handelt sich Störungen ein, mindestens seelische. Kein erzwungenes Essen ist »gesund«, ganz egal, was im »Gesundes-Kochen-für-mein-Kind« Rezeptbuch samt Vitamintabellen plus Hinweisen auf das Eisen- und Selenvorkommen zu lesen ist.

Ich war also mehr als verblüfft, dass ich auf mein ungefähr in diesem Sinn formuliertes Statement reihenweise erzürnte Hörer in der Leitung hatte. So geht das nicht, Disziplin muss sein, Kinder sollen gehorchen – und alles machten sie am Thema Essen und an dem »Was auf den Tisch kommt wird gegessen« fest.

Es war schon auffällig, dass sie weder psychologischen noch medizinischen Argumenten zugänglich waren. Tatsächlich liegt uns das, was wir runterwürgen, buchstäblich »quer im Magen«. Kindern erst recht, und bei den ganz Kleinen kann der Machtkampf am Mittags- oder Abendtisch zu ernsten Verkrampfungen und Beschwerden führen. Das war denen aber alles ganz egal. Eine merkwürdige Pädagogik.

Ein »Profi«, Erziehungsberater oder Therapeut oder was weiß ich, war auch darunter und hatte ebenfalls ausschließlich Prinzipien im Kopf und keinen Funken Gefühl. Disziplin muss sein! Ist Disziplin denn tatsächlich ein Wert an sich? Ja, genau das war es, was diese Anrufer sagen wollten – insofern ähnelte ihre Inhumanität der des Bernhard Bueb: Kinder müssen parieren, basta.

Wie beim Erfolg des Bueb-Buches wurde mir wieder deutlich, welch ein kalter Wind durch unsere Erziehungslandschaft weht. Anschauungen, die wir überwunden glaubten, wirbeln plötzlich aus dem Unbewussten unserer Kultur an die Oberfläche: Wir wollen disziplinieren, wir wollen Gehorsam erzwingen, wir wollen, dass die Kinder nichts zu sagen haben. Ich warte nur auf den Tag, an dem eine Erzieherin oder Mutter mir sagt: *»Kinder soll man sehen, aber nicht hören.«* Es ist ja schon ein Wunder, dass den Kindern ihr lautstark fröhliches Geschrei und Gejohle beim Ballspiel oder ihr freudiges Aufkreischen bei einem schönen Eisbecher nicht auch verboten wird.

Eine Anruferin verlor ganz und gar ihre Fassung, nachdem ich erklärt hatte, dass ein Kind, das das Essen auf dem Tisch partout nicht ausstehen kann, dann eben zum Kühlschrank geht und sich etwas anderes besorgt. Ich hatte vorsichtshalber hinzufügt, dass es sich dabei nicht um irgendeine dieser als Joghurt verkleidete Süßspeisen handeln dürfe, sondern um etwas leidlich Vernünftiges – Käse oder Wurst, ein Hering aus der Dose, ist doch ganz egal!

Was es freilich nicht verlangen dürfe: dass Mama diensteifrig hin- und herspringt, an den Herd hüpft, hier brutzelt und da im Topf rührt, bis es dem Kleinen endlich »schmeckt«. Nein, davon war nicht die Rede, keine Verwöhnung beim Essen. Nur die kindliche Freiheit hätte ich gern bewahrt gesehen. Es gibt nämlich tatsächlich Dinge, die schmecken und andere, die man nicht ausstehen kann – ganz ohne Grund.

Aber, ereiferte sie sich – nachdem ein älterer Herr, der, wie er sagte, seine Kinder sehr liebe, kurz zuvor für Ohrfeigen plädiert hatte – das würde ja gewaltig ins Geld gehen. Jeder springt an den Kühlschrank, jeder nimmt sich raus, was er will. Wo kommen wir denn da hin? Nun war weder von »jeder« die Rede, noch ist einzusehen, warum ein Stück Käse oder eine leckere Wurst mit einer Scheibe Brot ein unmäßiges Loch in die Haushaltskasse reißt.

Darum ging es auch gar nicht. Nein, ganz offensichtlich ging es nur darum, für dieses barsche »Kinder müssen gehorchen« eine irgendwie plausible Begründung zu finden. Dahinter verbirgt sich die tief versteckte, narbenreiche, verdruckste Kinderangst: »*Weil ich als Kind gehorchen musste, soll es den Kindern heute auch nicht anders gehen.*« So viel Kinderangst, man merkte es ihren aufgeregten Stimmen immer noch an, so viel scharfzüngige und unversöhnliche Verteidigung duckmäuserischer Prinzipien, soviel zittrig verdruckste Rachsucht.

Egal, worauf solche Anrufer, und ihre Zahl ist offenbar immer noch groß, auch beharren: Den liebevollen Eltern sei gesagt, dass Kindheit ohne Freiheit aggressive, ja rachsüchtige Kinder hervorbringt, meist übrigens, wenn sie etwas älter geworden sind, auch verlogene Kinder. Wer bei der geringsten Kleinigkeit mit Strafen bedroht wird, hat wenig Skrupel, Ausreden zu erfinden und wird immer schlauer und erfindungsreicher dabei. Was für eine verquere, zynische Intelligenz wir da mit unserem Disziplinierungseifer in die Kinder hineintreiben!

Und dann trat eine Wende ein, mit der ich schon gar nicht mehr gerechnet hatte. Ich bin dieser Anruferin wirklich dankbar, immer noch. Sie brachte die ganze Debatte auf den Punkt.

Sie erzählte von ihren Eltern, es seien liebevolle Eltern gewesen, sagte sie, sie hätten immer das Beste gewollt. Aber auch diese Eltern hatten, befangen in dieser bedenkenlos autoritären Erziehungstradition, ihre Tochter dazu gezwungen, eine ihr ganz und gar widerwärtige Kochwurst herunterzuwürgen. Danach, erzählte die Frau weiter – und in ihrer Stimme bebte immer noch eine verstörte Empörung über die Unverlässlichkeit der geliebten Eltern –, danach habe sie über Jahre hinweg mit Albträumen leben müssen. Immer wieder sei sie im Traum von einem Schreckensbild heimgesucht worden: Sie ganz allein vor einem übergroßen Tisch, mit Strafe bedroht, falls sie eine übel riechende Speise nicht hinunterwürgte.

Jahrelang, berichtete sie weiter, litt sie unter Einschlafstörungen, weil sie, wie es die Art kleiner Kinder ist, vor lauter Angst das Einschlafen immer weiter hinauszuschieben versuchte. Kaum war sie in den Schlaf gefallen, stellte sich unvermeidlich der Angsttraum ein.

Angst führt zu Schlafstörungen, Angst führt auch zu einem inneren Bruch mit den Eltern. Dieser Bruch muss nicht von Dauer sein. Die Frau mit der netten Stimme und ihrer furchtbaren Erzählung bestand darauf, dass die Narbe verheilt und ihre Beziehung zu den Eltern wieder liebevoll und normal sei. Vielleicht ist es so.

Aber ich merkte doch auf, als sie in ihrem Beitrag zum vierten oder fünften Mal wiederholte, wie liebevoll die Eltern gewesen seien und wie intakt die Bindung heute aussehe – ganz so, als müsse sie sich selber davon überzeugen, wieder und wieder. Ihr war ja viel, so unendlich viel von dem, was zu einer schönen Kindheit gehört, zerstört worden: die Freude am Zubettgehen, die Leichtigkeit des Einschlafens, sogar das vorbehaltlose Vertrauen zu Mama und Papa, alles hatte einen Riss bekommen. Alles wegen eines Prinzips »*Es wird gegessen, was auf den Tisch kommt.*« Alles wegen einer dummen Disziplinierung ohne Sinn und Verstand.

Insgeheim taten mir sogar die Eltern dieser jungen Frau leid. Vielleicht hatten sie nur dieses einzige Mal ihre Gefühle zur Seite geschoben, weggedrängt, als sie ein Erziehungsprinzip an die Stelle ihrer natürlichen Elternliebe setzten – so wie es ihnen beigebracht worden war. Die Folgen jedenfalls waren fatal. In gewisser Weise waren sie unsterblich. Für die Anruferin, inzwischen über 30 Jahre alt, war die Erinnerung nicht tot. Sie riss und zerrte immer noch an ihr. Man hörte es am Klang ihrer Stimme, spürte es an der Eindringlichkeit, mit der sie ihre nächtliche Not schilderte, wenn ihr im Traum das aufgezwungene Essen immer wieder in den Mund gepresst wurde und die Angst nicht aufhören wollte.

Seien wir auf der Hut, wenn wir in der Erziehung irgendetwas »erzwingen« wollen. Seien wir ganz besonders auf der Hut, wenn wir dabei das beste Gewissen der Welt haben – gerade dann unterdrücken wir unser Mitgefühl, von den Narben der eigenen Kindheit überwältigt.

So, wie die elende Disziplinierungswut vergangener Elterngenerationen Wunden erzeugte, die nur teilweise oder gar nicht heilten, so sehr ist es die Aufgabe von Eltern heute, diese Wunden nicht noch einmal weiterzugeben, sondern den Gehorsamsideologen, die zur Zeit das große Wort führen, ein klares, gut begründetes und entschiedenes Stopp entgegenzusetzen – das gilt vor allem dann, wenn wir uns auf solch gequält ambivalente und unbedachte Erziehungsprinzipien einlassen: *»Aber das Kind muss doch auch einmal gehorchen. Wir können ihm doch nicht in allem seinen Willen lassen!«* Achten wir auf diese auffällige Verallgemeinerung, die in diesen Formulierungen steckt. Sie ist fast immer kennzeichnend für Rationalisierungen, für Vernünfteleien und dumme Klischees, hinter denen sich unsere Kinderängste und unser Kinderzorn verstecken.

Kein Prinzip, und schon gar keines der Erziehung, ist es wert, dass darüber das vergnügte Lachen eines Kindes, wenn es »zu Tisch« gerufen wird vergeht, sein frohes Verschmausen eines Mittagessens, seine Freude auf dies oder jenes, das Mama oder Papa (ich denke da an meine vorzüglichen Bratkartoffeln) liebevoll zubereitet haben. Erziehung geht durch den Magen, wie die Liebe.

Anmerkungen für Eltern, die davon überzeugt sind, dass ein Kind am gedeckten Tisch verhungern könnte

Wenn Mahlzeiten zu Machtkämpfen werden, können sich, vor allem bei Mädchen, spätestens in der Pubertät handfeste Essstörungen einstellen. Manche dieser Gehorsamsklischees sind nicht nur in einer konkreten Situation für ein Kind bedrohlich, sie bedrohen seine Integrität und Gesundheit möglicherweise für eine lange Zeit.

Also, einfallsreich reagieren! Wenn eine 5-Jährige partout kein Gemüse mag oder das kerngesunde Obst verschmäht, dann bekommt sie halt Nudeln. Nudeln sind auch gesund, irgendwie! Gleichzeitig kann man ihr einen hübschen Obstteller kommentarlos neben die Spaghetti stellen – ohne ein einziges Wort, das ist wichtig, also kein: »Magst du das nicht auch?«, denn schon mag sie es nicht mehr. Man kann übrigens aus Karotten oder Kartoffeln wunderschöne und witzige Gesichter oder Luftballons usw. schnitzen und formen, aber das wissen die meisten Mütter. Falls Sie irgendwann zu der ganzen Schnippelei keine Lust mehr haben, müssen sich auch nicht gleich Gewissenskonflikte einstellen, erklären Sie Ihrem Kind einfach: »Wenn du lustige Gesichter haben willst, schnitz dir selbst welche!« – und dann, nach einer kleinen Pause: »Warte, ich helfe dir.«

Möglicherweise überhaupt ein vernünftiges Erziehungsprinzip: Kaum hat der oder die Kleine eifrig schiefe Gesichter und hinfällige Luftballons geschnitzt, überkommt mich ein unbändiger Heißhunger auf Apfel oder Karotten, angeknabberte Stirnpartien und halb zerfressene Gesichter – Kinder finden das zum Quietschen komisch! –, und eine angebissene Nase ist überhaupt das Größte. So macht Essen Spaß, sogar, wenn es gesund ist.

Dieses Gemüse-Auto oder Obst-Gesicht wird von den Kleinen liebevoll betrachtet, es ist ja zum Teil ihr eigenes Werk, das Verschmausen macht deshalb doppelt Spaß. Dass Gemüse trotzdem Gemüse ist, fällt irgendwie nicht mehr auf! Obst lässt sich im Übrigen noch leichter anbringen, weil Obst süß ist. Ein bisschen bunt gemischt, alles durcheinander, und ein Kind lehnt den bunten Obstteller höchstwahrscheinlich nicht mehr ab. Kinder mögen Süßes *und* Buntes. Kinder mögen Farben, ein Stück gelbe Ananas und eine Orange, ein knallgrüner Apfel daneben und dann noch eine Beere je nach Jahreszeit. Das macht Arbeit, verführt aber zum gesunden Essen, und »Arbeit« macht das Durchsetzen des elterlichen Willens auch, im Zweifelsfall erheblich unschönere. Aber wie gesagt: Wenn Ihnen die ganze Mühe nach ein paar Tagen zuviel wird, ein Kind mit fünf, sechs Jahren kann durchaus mit Messer und Schere (Scheren und Obst, eine sehr motivierende Verbindung!) umgehen.

Sie sollten halt nur in der Nähe bleiben und ganz unauffällig aufpassen. Ansonsten ist Selbst-machen-lassen überhaupt die beste Ernährungslehre!

Und was ist mit Fleisch, Fisch oder Spinat?

Nun, stellen wir uns vor, ein Kind mag tatsächlich weder Fleisch noch Fisch (was relativ schwer vorstellbar ist) und Spinat lehnt es auch ab (was schon erheblich leichter denkbar wäre). Zwang ist sinnlos, das ist jetzt klar geworden – wir impfen dem Kind ja nur die Abneigung gegen Fleisch, die ich im Übrigen teile, und gegen Fisch, die ich nicht teile, umso nachdrücklicher ein. Das wollen wir aber nicht.

Wir machen es so: Das Kind bekommt seine Kartoffel oder seine Nudeln, und zwar ohne irgendwelche Nebenbemerkungen, ohne Hinweis darauf, dass ein bisschen Fleisch ihm doch gut täte und Fisch überhaupt sehr gesund ist. Kommentarlos werden ihm die Nudeln auf den Teller gehäuft, währenddessen sitzen Mama und Papa und vielleicht noch ein oder zwei Geschwister vergnügt daneben und schaufeln das Fleisch oder den Fisch in sich hinein, geben gelegentlich zu erkennen, dass es sich dabei um eine ausgesprochen leckere Angelegenheit handelt und reden ansonsten über alles mögliche, nur nicht über gesundes Essen.

Ich kenne nicht sehr viel 5- oder 6-Jährige, die nicht früher oder später – mit scheelem Blick auf die Geschwister – feststellen, dass ihnen aus unerfindlichen Gründen Fleisch oder Fisch verweigert worden sei. Obwohl doch jedermann wisse, dass ausgerechnet diese Fleischklöße ihr ganz persönliches Leib- und Magengericht seien, immer schon.
Ruhig bleiben!
Wenn Sie nun noch die innere Größe haben, das Kind *nicht* darauf hinzuweisen, dass es noch vor 10 Minuten Fleisch oder Fisch rigoros abgelehnt hatte, sondern ihm – mit einer kleinen humorvollen Anmerkung möglicherweise – ein winzigkleines Stück Fleisch auf den Teller legen, dann können Sie zuversichtlich davon ausgehen, dass es vergnügt mampfend nach einem größeren Stück verlangt. »Nun gut«, sagen Sie, »ein kleines Stückchen noch, mehr gibt es nicht. Vielleicht morgen wieder.« Sobald dieses »morgen« eintritt, werden Sie ein aufgeregt um den Tisch herumzappelndes Kind vorfinden, das eifrig auf seinen Teller starrt, um ganz sicher zu gehen, dass sich dort ein »anständig großes Stück Fleisch (oder Fisch)« befindet.

Liebe kann man nicht erzwingen, Gehorsam auch nicht

Ich bearbeite einen tragischen Fall. Ein Vater möchte seine 8-jährige Tochter unter allen Umständen sehen, die Mutter verweigert ihm das Umgangsrecht, sie hat Gründe dafür, aber das gehört nicht hierher.

Der Vater ist verzweifelt, das ist ihm nachzuempfinden. Er will seine kleine Tochter sehen, er hat Sehnsucht nach ihr – mir, der ich eine 10-jährige Tochter habe, muss man diesen Wunsch, nein, diese Sehnsucht, nicht weiter erläutern.

Der Vater also will das Kind unbedingt sehen, aber das Kind will nicht. Da gibt es ein gewaltiges juristisches und gerichtspsychologisches Hin und Her darüber, ob die Ablehnung des Kindes »sein freier Wille sei« oder sie ihm von der Mutter eingeredet wurde. Solche Unterscheidungen machen natürlich keinen Sinn, wo ist denn der Unterschied zwischen dem natürlichen Wunsch einer Siebenjährigen, ihrer Mutter zu folgen und ihrem »freien Willen«?

Ich will aber auf einen anderen Punkt hinaus.

Im deutschen Recht ist es so, dass ein Kind sogar gegen den Willen der Mutter und gegen seinen eigenen Willen gezwungen werden kann, den Vater zu sehen. Man beruft sich dabei auf psychologische Erkenntnisse, die in jüngster Zeit die Bedeutung des Väterlichen eindeutiger herausstellen – ganz zu Recht. In der Tat braucht ein Kind Mutter *und* Vater. Die Theorie wird aber sinnlos, wenn sie zum Prinzip erhoben wird.

Man kann das vernünftigste Prinzip, den einleuchtendsten Grundsatz nicht gegen den Willen eines Kindes durchsetzen, man darf es auch nicht.

In langen Gesprächen habe ich versucht, dem Vater zu erklären, dass er möglicherweise rein formal im Recht ist – so, wie wir in der Erziehung auch sonst mit moralischen Prinzipien schnell bei der Hand und ganz abstrakt im Recht sind. *Aber das Kind will nicht.*

Die alberne Gehorsamspädagogik lasse ich jetzt beiseite. »Da muss man einfach mal hart durchgreifen«, jeder spürt ja wohl, wie unangemessen solches Beharren auf kindlichen Gehorsam in diesem Fall wäre. Für den Vater bedeutet das freilich, dass er sich zu einer tragischen Einsicht durchringen muss (»tragisch« ist keineswegs übertrieben): Gegen den Willen seines Kindes kann er nicht Vater sein.

Er kann sich dem Kind mit juristischen Mitteln aufzwingen, ja, er hatte ja das Recht auf seiner Seite, er kann Gewaltmittel einsetzen lassen und das zuständige Jugendamt war bereit, sie anzuwenden, Gewaltmittel, die von dem Kind sicherlich als Strafe empfunden werden würden. Was aber, wenn das Kind sich abwendet, wenn es sagt, »*Ich habe Angst vor dir*« oder »*Ich will dich nicht, geh weg*«? Er kann der Tochter seine Gegenwart aufzwingen, *aber nicht seine Väterlichkeit.*

So ist es in der Erziehung ganz allgemein. Wenn wir hundert Mal mit unseren Forderungen und moralischen Überzeugungen oder sonstwas »objektiv« im Recht sind – Gehorsam lässt sich nicht erzwingen. Da können wir uns hundert Mal einreden, dass alles, was wir verlangen, nur »zu seinem Besten« sei – wenn wir die Bereitwilligkeit eines Kindes nicht erreichen, dann erreichen wir nichts.

Wir können ein Kind strafen, wenn es unseren Forderungen nicht nachkommt. Vielleicht knickt es dann ein, vielleicht »folgt« es tatsächlich. Aber es hat den Sinn unserer Anforderung nicht verstanden und wird sie fortan – offen oder heimlich, bewusst oder unbewusst – ablehnen. Ein Kind, das zum Lernen gezwungen wird, wird möglicherweise das nächste Diktat fehlerfrei schreiben, doch zugleich ist ihm eine tiefe Abneigung gegenüber dem Schreiben aufgezwungen worden.

Ein Kind, das nicht aus Vertrauen und Liebe gehorcht, sondern aus Angst, wendet sich innerlich von Mama und Papa, ihren Worten, ihrer Stimme, von seinem Vertrauen zu ihnen ab. Vielleicht nur kurz, vielleicht für sehr sehr lange. Woher will man das wissen? Jede Abwendung tut ihm weh – und erzeugt eine ganz unnötige Fremdheit zwischen Eltern und Kind. Wir haben uns durchgesetzt, aber den Sinn unseres Handelns entwertet, und uns selbst als Eltern gleich mit.

Der hier angesprochene Vater hatte übrigens – nach langem Überlegen, nach vielen Gesprächen, in denen er immer wieder betonte: »*Aber ich bin doch im Recht*« und ich ihm erwiderte: »*Ja, das sind Sie, aber was hilft es Ihnen denn?*« – dieser Vater hatte zuletzt die Größe, auf die Besuche seiner kleinen Tochter zu verzichten.

Damit hat er etwas ganz Besonderes geleistet. Seine jetzt noch kleine Tochter wird ihm – irgendwann, wenn sie älter geworden ist – seinen Großmut mit Anerkennung und vielleicht mit Liebe zurückerstatten. Hoffentlich. Er wird sein Kind für einige Zeit nicht sehen, und ich sagte es:

Das ist tragisch genug. Aber er hat seine Tochter nicht verloren, nicht für immer.

Hätte er sich mit Zwang durchgesetzt, würde er hingegen niemals auf eine freie und offene Liebe seines Kindes hoffen dürfen.

Schöne Kindheit, ohne Angst

Die Lust des Kindes: Ich bin

Der große Philosoph Ernst Bloch formulierte: »*Dass ich bin, ist manchmal auch wie da, aber mir immer zu nahe. Immer nur halbwegs.*« Der Satz wirkt schwierig, ist es aber gar nicht. Es ist eben kein theoretischer Satz, sondern ein Gefühlssatz. Man muss ihn nachfühlen, dann versteht man ihn sofort. Und er hat viel mit der frühen Entwicklung von Kindern zu tun.

Das kennen wir alle: Wir fühlen dieses »Ich bin«, und es füllt uns ganz aus. Das ist das selbstverständliche Gefühl, unser Alltagsgefühl. *Ich bin* – da gibt es doch gar nichts zu fragen. Eine pure Selbstverständlichkeit. Wir spüren dieses »Sein« von innen her mit einer gewissen naiven Daseinslust. Ich bin. Basta. Das ist ganz unbefragbar. Das ist ganz klar.

Doch dann kommt diese andere Seite: »*Ich bin da.*« Sobald wir dieses Wörtchen »da« hinzufügen, gerät das »Ich bin« ins Schwanken. Ich bin »da« heißt, ich bin einer unter anderen, ich nehme Abstand vor mir selber, ich erblicke mich aus einer gewissen Distanz. Ich bin »da« hat immer eine unmerkliche Spur hin zum Verschwinden. Jetzt bin ich zwar »da«, aber ich könnte jederzeit auch nicht mehr »da« sein. »Ich bin nur noch eines von mehreren Lebewesen, und die Spur der Auslöschung, die Spur der Vergänglichkeit ist mir eingezeichnet wie allen anderen auch.«

Diesen gewaltigen Schritt geht jedes kleine Kind. Diesen Schritt von dem ursprünglichen »Ich bin«, dem prallen, vollen, unbezweifelbaren und unbeirrten Daseins-Gefühl hin zum »Ich bin da«, und das heißt: Ich bin nur einer unter vielen, vergänglich wie alle, zufällig wie alle, auslöschbar wie alle, bewertbar und verwertbar wie alle anderen.

In diesem kleinen Satz spiegelt sich die ganze Entwicklungsgeschichte der frühen Kindheit, von der unmittelbaren Gewissheit, existent zu sein hin zu der Bewusstheit, dass diese Existenz vergänglich und auslöschbar ist. Dieser empfindliche Schritt hin zur Selbstbetrachtung, Grundlage jeder Selbstreflexion und damit jeder Kultur – »*Ich bin ja nur da, ich könnte auch »nicht-da« sein*« – ist das verborgene Grundmuster der Kultur.

Es macht Angst, dem Kind weitgehend unbewusst, uns Eltern ganz bewusst. Bei jeder Kleinigkeit fahren wir mit Sorge hoch, wie geht es dem Kind, ist es unverletzt, ist irgendetwas passiert? Die kleinste Störung im Ablauf des Alltags reicht aus, um uns sofort in diese panikähnliche Sorge zu versetzen: »Ist irgend etwas passiert?« Wir wissen es: Unser Kind ist nur »da«, wir sehen es aus einer gewissen Entfernung, und die Gewissheit unserer Existenz, die wir mit ursprünglicher Kindlichkeit für uns selbst aufrecht erhalten, gelingt uns beim Anblick unseres Kindes nicht mehr. Deswegen versuchen wir es zu behüten, wir machen uns Sorgen und manchmal werden wir vor lauter Sorgen ärgerlich. Wir schmieden seine Zukunft, weil wir wissen, wie ungewiss seine Zukunft ist. Und manchmal wird aus diesem sorgenvollen »*Was wird aus dem Kind?*« ein ungeduldiges »*Streng dich mal an, damit etwas aus dir wird.*«

Dies ist genau der Schritt, bei dem die elterliche Liebe umschlagen kann in ein hartes und forderndes: »*Nun mach aber mal!*« Und dahinter steht, es ist gar nicht einfach zu begreifen, aber man kann es mitfühlen: »Du bist ja nur ›da‹.« Dein ursprünglich kindliches Vertrauen: »Ich bin« ist viel zu wenig für deine kleine gefährdete Existenz. Das teilen wir unseren Kindern mit, wenn wir vor lauter Sorge in Ungeduld oder Ärger verfallen. Das teilen wir dem Kind mit, wenn wir seine ursprüngliche Daseinsgewissheit, mit der es sich gerade in dieses oder jenes vertieft hat, so eilfertig zur Seite drängen.

Der Weg vom »Ich bin« zum »Ich bin da« ist ein schwieriger Weg. Jedes Kind muss ihn gehen, es ist, philosophisch gesprochen, der Weg der Selbstentfremdung. So werden wir zu reflexiven Wesen, also zu Menschen, die über sich selber und die Bedingung ihrer Existenz nachdenken. So werden wir zu wertbewussten Wesen, die sogar über ihre eigene Vergänglichkeit reflektieren können. Keinem Kind können wir diese geistige und seelische Mühe ersparen. Aber seine Entwicklung vom vergnügten »Ich bin, ich bin« hin zum »*Da bin ich*« darf keinesfalls beschleunigt werden. Ungeduld schadet, Ungeduld stört. Eltern müssen ihr Kind ganz, ganz behutsam führen von der ursprünglichen unmittelbaren Daseins-Lust hin zu dem reflexiven »Ich bin da«.

Wenn dies nicht gelingt, dann gelingt auch der Weg vom ganz auf sich selbst konzentrierten »Sein« hin zum nachdenklicheren, rücksichtsvollen, von sich selbst auch absehenden »Sein mit anderen« nicht. Dann gelingt die Kulturwerdung des Kindes nicht. Ganz einfach zu verstehen ist dies nicht, aber man kann es mitfühlen, man muss sich nur ein bisschen Mühe geben.

Von englischen Rehen und Vätern, die von nichts eine Ahnung haben

Meine kleine Tochter tut das, was sie am allerliebsten tut – sie stört mich zu einem Zeitpunkt, an dem ich absolut nicht gestört werden darf. Mit der unschuldigsten Miene, die einem 10-jährigen Kind zur Verfügung steht, betritt sie den Arbeitsraum und bekundet, dass sie eine wichtige Frage zu stellen habe.

Ich: »*Habe ich nicht gesagt, du sollst mich nicht stören?*«

Das Kind, trotzig-vergnügt: »*Aber es geht doch um Lernen, sogar um Englisch.*« *Sogar* bedeutet, dass wir uns seit Tagen in den Haaren liegen, ob sie genügend Englisch lernt und ausreichend Vokabeln beherrscht oder nicht. Sie sagt ja, ich sage nein. Heute hat sie sich endlich dazu bequemt, einen englischen Text ins Deutsche oder einen deutschen ins Englische – woher soll ich das wissen? – zu übertragen und betritt nun, mit der tiefen Überzeugung, eine wesentliche Leistung vollbracht zu haben, mein Arbeitszimmer. Was bedeutet da eine kleine Störung in Papas nebensächlichen Tätigkeiten?

Das Kind sagt: »*Was heißt Reh und was heißt Hirsch?*«

Ich: »*Rehe und Hirsche sind Rotwild, die ...*«

Das Kind unterbricht mich, es geht doch um Englisch, sagt es. Ach ja, Englisch, hatte ich schon vergessen! So wichtig nehmen wir in Wahrheit das Schullernen unserer Kinder, obwohl wir uns stundenlang darüber erregen und debattieren können. Also Englisch.

»*Reh*«, sage ich forsch, » *heißt auf Englisch deer!*«. Das weiß ich allerdings nur, weil eine Schauspielerin in meinem Lieblingsfilm »Blue Velvet« auch Deer heißt, wahrscheinlich ein Künstlername, was mir jetzt erst auffällt. Was man nicht alles so lernt, wenn man Kindern beim Lernen hilft.

»*Gut*«, sagt die Kleine befriedigt, »*und nun Hirsch.*«

Ich habe keine Ahnung. Hirsch auf Englisch, ich weiß ja kaum, wie ein Hirsch auf Deutsch aussieht.

»*Weiß ich nicht*«, sage ich und zwar – nun aufpassen! – mit dem selbstverständlichsten Tonfall der Welt.

»*Aha*«, sagt das Kind und verlässt befriedigt das Zimmer.

Väter wissen nicht alles, das ist eine Erkenntnis, die den Kleinen so ungefähr ab dem 5. oder 6. Lebensjahr dämmert und die sich dann ganz allmählich zur Gewissheit verdichtet. Nun gibt es zwei Möglichkeiten, eigentlich drei.

Es gibt rechthaberische Väter, die darauf bestehen, alles zu wissen und deswegen den gröbsten Blödsinn in die Welt setzen und versuchen, ihn im Kopf ihrer Kinder zu verankern. Diese Väter sind kein weiteres Wort wert. Lassen wir das weg.

Dann gibt es die pädagogisch beflissenen Väter, die auf eine neugierige Frage, auf die sie keine korrekte Antwort wissen, so reagieren: »*Lass uns doch gemeinsam nachsehen, schauen wir mal in unser Lexikon …*« usw., usw. – partnerschaftliche Väter eben, immer um »gleiche Augenhöhe mit dem Kind« bemüht – sie können Kindern extrem auf die Nerven gehen.

Und dann gibt es Väter, zu denen ich mich in aller Bescheidenheit zählen darf, die einfach sagen: »*Keine Ahnung. Kümmere dich selber darum.*«

Das wiederum kann zwei sehr unterschiedliche Folgen zeitigen. Die eine, die negative: Das Kind hat ohnehin wenig Respekt vor seinem Vater und reagiert enttäuscht. Es denkt: »*Ach ja, Papa, der weiß schon wieder nichts*« – und Papas ohnehin dürftiges Ansehen zerbröselt noch ein bisschen weiter. Das ist aber selten, trösten wir uns! Kinder wollen nicht, dass Papas nichts wissen, sie wollen einen starken Papa (aber keinen angeberischen).

Die zweite Folge ist erfreulicher. Sie lautet: Papa zeigt souverän und gelassen, dass er wirklich nicht alles wissen kann und auch gar nicht wissen muss und trotzdem selbstbewusst und sicher durchs Leben schreitet. Wird Papas achselzuckende Unkenntnis in dieser oder jener Frage *so* wahrgenommen, dann bedeutet sie eine kräftige *Ermutigung* für sein Kind. Es lächelt verschmitzt (so, wie ich es bei meiner kleinen Tochter zu erkennen meinte – hoffentlich zu Recht) und denkt: »*Aha, da werde ich doch mal nachschauen, was Papa wieder einmal nicht gewusst hat.*«

Es identifiziert sich also zum einen mit Papas Gelassenheit gegenüber Wissen und Nicht-Wissen und schöpft daraus schon einmal ein Stück Selbstsicherheit – Papas können manchmal wirklich gute Vorbilder sein! – und gleichzeitig rühren sich in ihm freudige kindliche Überlegenheitsgefühle.

Diesmal weiß ich mehr als Papa, vielleicht weiß ich demnächst öfter mal mehr als Papa, das Leben ist doch wunderbar – und macht sich voller Eifer auf die Suche nach dem englischen Wort für »Hirsch«. *Diese* Vokabel wird es ein halbes Leben nicht wieder vergessen!

Nebenbei bemerkt, ich weiß immer noch nicht, was Hirsch auf Englisch heißt. Sie etwa?!

Zwei Seelen in einer Brust oder: wie man Klauereien überwindet

Zwei Seelen wohnen, ach, in ihrer Brust, allen Kindern geht es so: Zum einen der liebevolle Gehorsam, zum anderen immer wieder dieser gierige und egoistische Teil ihrer Wünsche, oder anders gesagt: zum einen die »primären Triebe«, die sich immer wieder durchsetzen, zum anderen der Triebgehorsam, »sekundäre Triebe«, wie wir sie bildungstüchtig genannt haben.

Zu solchen eher theoretischen Überlegungen will ich eine kleine Geschichte erzählen. Sie handelt von meiner Kindheit.

In einer Gott sei Dank sehr kurzen Zeitspanne meines Kinderlebens klaute ich vier- oder fünfmal Geld aus dem Portemonnaie meiner Mutter. Ich hatte ein grauenhaft schlechtes Gewissen dabei. Es pochte auch dann, wenn ich ganz sicher sein konnte, nicht erwischt zu werden.

Es war gar nicht so, dass ich mich vor Strafe fürchtete. Es ist überhaupt ein völlig unsinniger Gedanke zu glauben, dass Gewissen durch Strafe entstehen könnte. Aus Strafe oder Strafwartung entsteht vielleicht Angst, aber ein verängstigtes Kind ist kein »gewissenhaftes«. Ein Angst-Gewissen ist, was moralisches Handeln angeht, höchst unzuverlässig.

Solange Recht und Unrecht nur abstrakte, moralische Sätze sind, können Kinder wenig mit ihnen anfangen.

Konkret werden sie durch ihre Beziehungen auf etwas, und ganz besonders durch ihre Beziehung zu den Menschen, denen sie mit ihrem »Unrecht« einen unfairen Nachteil zufügt haben. Dazu komme ich gleich.

Strafe hätte an meiner Klauerei gar nichts geändert. Stellen wir uns einmal vor, ich wäre erwischt, möglicherweise bestraft worden – ja gut, und dann? Ich hätte ja nur verstanden, dass man sich nicht erwischen lassen darf. Das war mir auch schon vorher klar.

Wahrscheinlich wäre ich danach ein bisschen geschickter, raffinierter zu Werke gegangen, auf jeden Fall vorsichtiger. Ich wäre cleverer geworden – früher gab es dafür ein sehr zutreffendes Wort: Ich wäre »verschlagener« geworden! Und ich hätte mit jeder Trickserei, jeder Überlegung, wie ich erneuter Strafe entgehe, meine kindliche Moral weiter geschwächt. Strafangst macht gewissenlos.

Ich hätte meine ganze seelische Verfassung, mein Denken, Fühlen, meine Voraussicht usw. ganz und gar nur auf das »Klauen« hin fokussiert: Misstrauischer wäre ich geworden und dabei mehr als durch die ganze Klauerei innerlich auf Distanz zu Mama und Papa und all ihren Ver- und Geboten gegangen. Nein, Strafe hätte alles nur schlimmer gemacht – wer weiß, was daraus geworden wäre.

Aber ich wurde nicht erwischt. Und hörte trotzdem auf zu stehlen, von einem Tag zum anderen. Das will ich Ihnen erzählen:

Ich hatte mir gerade 20 Pfennig aus Mamas Portemonnaie »angeeignet«. Vier oder fünf Tage zuvor hatte ich zum ersten Mal mit eigenem Geld ein eigenes Eis in der »Eisdiele« (damals hieß das so) bezahlt. Was war das für ein ganz unbändiger Stolz, der mich dabei plötzlich durchdrang. Eigenes Geld, Selbstständigkeit, Erwachsen-

Sein (fast schon) – mit großer Geste legte ich das Geld auf den Tresen und nahm die Eiskugeln entgegen. Nie wieder hat mir ein Eis so gut geschmeckt wie dieses.

Ich wollte diese Erfahrung wiederholen. Ich wollte dieses eindringliche und stärkende Gefühl noch einmal erleben. Deshalb klaute ich. 20 Pfennig, nicht mehr, so viel kosteten zwei Kugeln Eis.

Ich hatte das Geld – meine Mutter war ausgegangen – gerade aus dem Lederetui gefischt, da kam sie zurück. Sie hatte ein ganz frohes Gesicht. Irgendetwas Nettes war ihr passiert, sie erzählte es mir, ich habe es vergessen. Und aus dem Überschwang ihrer positiven Gefühle sagte sie: *»Heute ist so ein schöner Tag, komm her, ich schenke dir 20 Pfennig. Hol dir ein Eis!«*

Zu ihrer totalen Überraschung brach ich in Tränen aus. Völlig unverständlich für die arme Frau. Warum weint der Junge, wenn er beschenkt wird?

Nun, die Ursache war natürlich mein rasant aufbrechendes schlechtes Gewissen. Jetzt konnte ich es nicht mehr bezähmen, jetzt konnte ich es auch vor mir selber nicht mehr verstecken! Jetzt hatte mein Gewissen ganz und gar von mir Besitz ergriffen.

Unter Tränen gestand ich ihr meine Missetat; entweder hatte meine Mutter an diesem Tag eine besondere Intuition für gute Erziehung oder ihr war einfach etwas so Schönes passiert, dass sie mir gelassen und großzügig vergab. »Na ja«, sagte sie heiter, »*dann hast du die 20 Pfennig ja schon.*«

Und ließ mich gehen.

Ihre Vergebung tröstete mich zwar, aber meine Gewissensnot linderte sie nicht. Betreten – aber nicht *getreten* – machte ich mich auf den Weg zur Eisdiele. Was ein paar

Tage zuvor ein stolzes und stärkendes Gefühl gewesen war, war jetzt ganz gedrückt – kein Stolz mehr, alles erstickt von der lautstarken Gewissensstimme in mir. Und mitten in meiner Gewissensnot stand ein freundliches Bild: meine Mutter, großzügig und versöhnlich an einem schönen Tag.

So entsteht kindliche Moral.

Diesen Tag habe ich nie wieder vergessen, ich habe danach keinen einzigen Pfennig mehr gestohlen. Stehlen war für mich etwas unsäglich Quälendes geworden, etwas, das mich unruhig machte, in Verlegenheit versetzte, in mir drückte und drängelte. Nein, das wollte ich nicht mehr haben, als Kind nicht und heute als Erwachsener immer noch nicht.

Wodurch hatte meine Mutter diese Verinnerlichung des moralischen Gesetzes »*Du sollst nicht stehlen*« erreicht? Durch Strafe? Nein, ganz offensichtlich nicht. Hätte sie wütend oder strafend reagiert, dann wäre die Gewissensstimme unter meiner Angst und dem daraus erwachsenen Zorn ganz verstummt. Dann hätte Gewissen keine Rolle mehr gespielt.

Sie verhielt sich aber genau so, wie ich es Eltern ans Herz legen möchte: Ihre Freude wollte sie mit mir teilen und ein bisschen davon abgeben, ich spürte ihre Freude so intensiv, wie Kinder alles mitempfinden, was ihre Mütter bewegt. Und eben dieses Mitschwingen, dieses Mitempfinden, das ein Ausdruck kindlicher Liebeswünsche ist, führte dazu, dass mich, angesichts ihres kleinen Geschenkes, ihrer liebevolle Geste, diese heftige Reue überkam. So machtvoll, dass ich sie vor meiner Mutter nicht mehr verstecken konnte und in Tränen ausbrach.

Nach meinem »Geständnis« fragte sie immer noch

nicht nach, bohrte nicht und wollte gar nicht so viel verstehen – so klug war sie an diesem Tag. Sie wollte die Ursache für mein seelisches Unglück gar nicht bis in alle Details ausforschen, da war nichts Besserwisserisches in ihrer Geste »*Na ja, dann hast du die 20 Pfennig ja schon*« – nur Großmut. Nur Liebe. Die war viel kräftiger als mein kindlich-gieriges »Ich will noch mehr haben!«. Ohne es zu wollen und ohne es zu wissen zwang sie mich in eine Auseinandersetzung zwischen kindlicher Gier und moralischem Gefühl. Ich musste mühsam damit fertig werden.

Sie hatte – vielleicht nur an diesem wunderbaren Tag – die Stärke, mir ganz zu vertrauen. Aus dem Vertrauen erwuchs meine Gewissensnot, so sehr, dass sie, wie gesagt, bis heute verankert geblieben ist und bei dem Erwachsenen zu einem bewussten »Werte-Empfinden« wurde.

Ja, es ist schon so: Wenn wir unsere Kinder besonnen lieben, dann reagieren wir intuitiv »richtig« auf ihre seelischen Verfassungen, auf ihre vielen kleinen und großen Krisen, ihre Liebeserwartung und ihr kindliches Haben-Wollen. Je besser wir sie verstehen, desto mehr fühlen sie sich verstanden – und manchmal auch durchschaut! – und wir? Nein, wir müssen sie nicht dauernd kontrollieren, aufpassen oder strafen, wir überlassen sie ihren inneren Entwicklungen, die nie ohne krisenhafte Situationen und auch nie ohne Fehlschläge sind – aber was tut's: Ihre und unsere Liebe macht letztlich alles wieder gut. Das ist Kinder-Moral, eine andere gibt es nicht. Oder anders gesagt: Werte, die nicht aus dem Herzen kommen, sind es nicht wert, Werte genannt zu werden.

Noch ein Zwischenruf: In einem Kriminalroman, einem weitgehend unbeachteten von Gunnar Steinbach »Prälats letzte Fahrt«, finde ich folgenden Satz: »*Engel war zeit seines Lebens jemand gewesen, der Halt im Geschriebenen gefunden hatte. Vorschriften, Verordnungen und Gesetze – keine Gängelei, sondern Hilfe! Dazu da, ein gedeihliches Miteinander zu gewährleisten. Sein Paradies war ein Ort, an dem Regeln beachtet wurden, vielleicht so selbstverständlich beachtet wurden, dass sie am Ende überflüssig waren. Alles hätte so einfach sein können. Wer so denkt, packt morgens die Butterbrote ein, steigt ins Auto und verliert schon an der Hauseinfahrt den Mut.*«

»Du raubst mir den letzten Nerv – und ich bin stolz auf dich«

Sind Sie ganz sicher, dass Ihr Kind weiß, wie sehr Sie es lieb haben? Gut, dann nur keine Scheu vor einer gelegentlichen Konfrontation. *Dann* dürfen und sollen Eltern sehr wohl mit absoluter Eindeutigkeit klar machen, dass in dieser Familie ihr Wille gilt, dass sie ein Recht auf ein gutes Familienleben haben, und kein unmündiges, halbwüchsiges Kind daran etwas ändern wird. Freilich hilft nicht ein einziger Ratschlag aus dem Areal der »Disziplin« dabei auch nur ein winziges Schrittchen weiter. Ihr Recht müssen Sie schon als »Person« einklagen, ohne sich hinter allgemeinen Prinzipien und Moral triefenden Prinzipien zu verstecken.

Zur Eindeutigkeit gehört auch elterlicher Egoismus. Es ist ein »Egoismus« ganz besonderer Art. Wir Eltern haben natürlich auch ein Recht auf unser eigenes Leben, das ist klar, aber darüber hinaus haben wir sogar ein Recht darauf, dass wir von unserem Kind, für das wir Jahre unseres Lebens aufgebracht, für das wir gearbeitet und manchmal geschuftet haben, und das wir sein ganzes junges Leben lang mit Liebe begleiten, dass wir von diesem Kind auch Freude, Lebensfreude, beantwortete Liebe empfangen. Nicht nur Respekt.

Übrigens tut es einem Kind ganz gut – einem Heranwachsenden erst recht –, wenn es einmal damit konfrontiert wird, dass seine Eltern viel, sogar unendlich viel für es getan haben und weiter tun. Eltern haben so eine verdruckste Art, ihre Mühe und Anstrengung vor den Kleinen möglichst nie zu erwähnen – das klingt so spießig. Wahrscheinlich ein Fehler. Unsere Kinder haben ein Recht auf unsere Gegenwart, auf unser Leben in gewisser Weise – und wir? Wir sollen keine anderen Rechte haben als das enge, dumpfe Recht auf Gehorsam und Respekt? Ist das nicht ein »bisschen wenig«?

Wir haben Opfer, Liebesopfer gebracht, ein Kind soll das wissen. Wir sind deshalb ja keineswegs in einen Zustand der permanenten Bedrückung und Klage verfallen, sehr im Gegenteil: Wir haben eine Art von Lebensfreude und -intensität kennen gelernt, die wir sonst nicht für möglich gehalten hätten. Die empfangen wir von unserem Kind.

Wir werden und dürfen also – vor allem in manchen Lebensphasen des pubertären Sohnes oder einer Tochter – auf der Unzerbrechlichkeit der familiären Bindung beharren. Gelegentlich sehr eindeutig. Das kann und soll durch gute Präsenz und Gespräche entstehen, das kann und soll auch dadurch entstehen, dass man ein Kind einmal in aller Ruhe seine Launen ausleben lässt, aber es darf nicht so weit führen, dass die Familienbindung insgesamt in Gefahr gerät. Dazu dürfen wir durchaus auch einmal das tun, wonach uns vor allem bei den halbwüchsigen Kids oft zumute ist – und was bei den 5- oder 6-Jährigen nur äußerst selten der Fall sein darf: Wir hauen tatsächlich endlich einmal auf den Tisch. Wir machen deutlich, wie die Dinge laufen, und zwar so und so und nicht anders!

Wir machen deutlich, dass unsere in aller Regel freundliche, nachgiebige und großzügige Stimme auch einmal einen Haken hat und scharfen Klang annehmen kann. Wir machen deutlich, dass wir keinen Millimeter von unserer Position abweichen werden, unter keinen Umständen (dies ist, wenn es so oder ähnlich in heftiger Erregung vorgetragen wurde, der geeignete Augenblick für einen kleinen einhaltenden Moment der Selbstironie, denn ein kleiner Scherz auf Kosten der Autorität tut jetzt gut!). Wir machen deutlich, dass wir noch im Augenblick äußerster Aufgeregtheiten unsere Souveränität nicht verlieren – denn die ist ein Privileg des Erwachsenen!

Sie haben ein Recht darauf, sich an Ihren Kindern zu freuen – davon ist in Ratgebern irgendwie auch nie die Rede –, Sie haben ein Recht, Ihre elterliche Lebensklugheit (soweit vorhanden) ins Spiel zu bringen und zwar kräftig. Und dann werden Sie merken, dass beides nicht im Widerspruch zueinander steht, sondern ganz hervorragend zueinander passt.

Also, nichts gegen ein gelegentlich glasklares Eltern-Statement, ungefähr in diesem Sinn: »*Du tust genau, was ich gesagt habe. Du bist zweimal gegen eine Wand gelaufen, du hast deiner Mutter den allerletzten Nerv und mir den Glauben an meine unerschütterliche Großmut geraubt. Jetzt reicht es.*«

Sprechen Sie möglichst selten von Moral und Gehorsam und was sich alles so gehört, sprechen Sie ruhig von Ihrem Zorn, sogar Ihrer Bitterkeit. Die ewige Emotionsvermeidung, um die sich Eltern oft bemühen, ist ganz unnatürlich – und falsch ist sie auch.

Sie müssen damit rechnen, dass Ihr Kind als erstes denkt: »*Was geht mich das an, soll der Alte doch fühlen, was er will*« – aber lassen Sie sich nicht täuschen. Hinter dieser cool-forschen Teenager-Reaktion liegt immer etwas anderes – jetzt wiederhole ich mich –, nämlich die »Bindung«, die vom ersten Lebenstag an erworbene und nahezu unsterbliche Liebe eines Kindes zu seinen Eltern. Verlassen Sie sich darauf, das hört nie auf.

Allein der Gedanke mildert jede Erregung. Sie brauchen zu all der möglichst einmal direkt und ungemindert vorgetragenen Eltern-Wut auch – gleichzeitig – die Erwachsenen-Distanz. Und damit sind wir wieder bei meinem Rat, zwei Dinge zusammenzubringen, die selten zusammengebracht werden: Ihr Recht auf ein eigenes, also respektiertes usw. usw. Leben, und gleichzeitig Ihr Recht darauf, Freude an Ihrem Kind zu haben. Ganz praktisch lautet das so:

1. *»Ich bin so unendlich wütend, weil ich auch traurig bin!«*
   Darauf reagieren Kinder, ausnahmslos. Teenies auch, sie passen oft nur haarscharf auf, dass man es nicht merkt.
2. *»Ich lass mir das von dir nicht mehr gefallen, nicht ein einziges Mal mehr – warum? Weil ich dich so lieb habe«*.
   Da staunen ein Kind und ein Teenie erst einmal, es sind ja ungewohnte Sätze. Aber das Staunen dauert gar nicht lange; Eltern-Autorität und Eltern-Liebe sind zwei Seiten derselben Medaille, das ist emotionale Kinderlogik. Jedes Kind weiß das (immer vorausgesetzt, dass Sie Ihre Autorität nicht zur dumpfen Gehorsams-Pädagogik verkommen lassen). Also weiter: *»Ich werde dir nicht noch ein einziges Mal nachsehen, dass du deine Schule verschluderst. Warum? Weil ich weiß, dass du ein ganz besonderer Junge bist und deine Begabung ausleben sollst. Ich will das auch erleben, ich möchte Freude an deiner Begabung haben, ich will Spaß an deinen Aufsätzen oder deinen Mathelösungen haben, ich will schauen,*

wie du dich auf der Bühne im Schülertheater bewegst, ich will dir zusehen beim Tennisspiel oder einem anderen Sport. Ich bin dein Papa, ich bin deine Mutter, ich bin stolz auf dich, und ich habe ein Recht auf diesen Stolz. Und du hast nicht das Recht, meinen mütterlichen oder väterlichen Stolz zu zerstören.«

Nein, mein Plädoyer für Gehorsam aus Liebe ist kein Plädoyer für Idylle und ewige Harmonie, nicht einmal elterliche Weichheit, aber für elterliche Sensibilität. Emotionale Aufrichtigkeit, für die man seine Gefühle aber klären sollte und sie sich nicht von falschen Ratgebern vorplappern lässt, lenkt immer weg vom auftrumpfenden »Du musst ...« hin zu einem »*Ich weiß viel mehr und viel Schöneres über dich, als du dir selbst zutraust, und dieses Wissen beschütze ich ...*« und das kann dann im Alltag ruhig auch einmal klar und derb ausfallen.

Wer allerdings fortwährend losmeckert, kritisiert oder gar herumtobt, wird in wirklichen Krisensituationen keine elterliche Stimme mehr haben, auf die der Jugendliche hört. Wer dröhnend auf den Tisch haut, beeindruckt nach einem Satz von Willy Brandt »*nicht einmal den Tisch*« – einen Jugendlichen jedenfalls nicht. Erst wenn der Wille zur Selbstentfaltung und Selbstwerdung des Jugendlichen von den Eltern gelassen, großzügig, distanziert und humorvoll und immer am Beispiel ihres eigenen gelebten Leben ganz und gar gesichert ist, erst dann darf in Konfliktsituationen tatsächlich »*die Hütte brennen.*«

Nachsicht ist nicht Weichheit, wahrscheinlich ist sie sogar das Gegenteil, so wenig wie Liebe Verwöhnung ist. Gelassenheit auch dann, wenn ein Jugendlicher ganz offensichtliche Fehler begeht, ist ein Ausdruck von Stärke und nicht von Schwäche. Das ist das eine. Das andere ist:

Elternliebe, uneingeschüchtert und manchmal ein bisschen gefühlvoll, meinetwegen kitschig vorgetragen, ist für jedes Kind überzeugender (und stabilisierender) als prinzipielle Regelsetzung. »Grenzen an sich« versteht kein Kind; dass Mama und Papa stolz auf es sein wollen und darauf ein »Recht« haben, leuchtet ihm unmittelbar ein.

Und ein drittes: Elternliebe schafft auch einen beruhigenden Abstand zu den momentanen Aufgeregtheiten, warum? Sie geht zurück auf ein »reifes« und durch das Kind reifer gewordenes gelebtes erwachsenes Leben. Insofern ist sie, nicht ohne Selbstüberprüfung zur Geltung gebracht, eine gute Voraussetzung dafür, dass Eltern sich nicht »verstricken« lassen, dass sie eben nicht »auf gleicher Ebene«, nicht in zornig zerfallender »Partnerschaft«, sondern mit einem Rest von Souveränität sprechen und fühlen, auch wenn ihnen manchmal »der Kragen platzt«.

»Ich will, dass du dies oder jenes tust, weil du mein Sohn oder meine Tochter bist und weil ich ein Recht darauf habe, auf dich stolz zu sein!«

Glauben Sie ernsthaft, dass es eine 17-Jährige gibt, die nicht darauf wartet, dass ihr Papa stolz auf sie ist? Glauben Sie wirklich, dass es einen 16-jährigen Jugendlichen gibt, der nicht insgeheim vor Freude glüht, wenn Mama ihm versichert, dass er etwas ganz Besonderes und ein einzigartiges Geschöpf ist, in das sie ein Leben lang verliebt bleiben wird?

Meint irgend jemand, der ein klein wenig Ahnung von kindlichen und jugendlichen Seelen hat, allen Ernstes, dass dies nicht ein wichtiges, ja das allerwichtigste Motiv für einen Jugendlichen ist, sich doch einmal kritisch selbst zu befragen, wenn er sich total in seiner Egozentrik verheddert hat?

Wenn Sie den elterlichen Stolz und Ihr Recht darauf auf diese liebevoll-distanzierte und kräftige Weise empfinden, dann ist Ihnen, genauso wie Ihrem Kind klar, dass er nicht mit einer schwachen und halblauten Stimme vorgetragen werden darf, als glaubten die Eltern sich selber nicht wirklich – sondern laut und deutlich.

Schon rein *akustisch* ist – manchmal, nicht zu oft, sagen wir: höchstens einmal alle sechs Monate! – Stärke angesagt, Lautstärke, rein körperlich ist eine gewisse Prägnanz angesagt. Da kann auch mal ein Stuhl auf den Boden poltern oder ein Tisch gegen die Wand gerammt werden, wenn ein Vater seinem halbwüchsigen Kind deutlich sagt (es aber nicht an-»herrscht«): »*Du bist mein Sohn (meine Tochter), glaubst du, dass ich dich kaputt gehen lasse? Das mach ich schon aus purer Eigenliebe nicht. Mein Sohn (Tochter) ist kein Loser, so etwas gibt es überhaupt nicht.*«

Wenn Sie in den Augen Ihres 16- oder 17-Jährigen ein guter Vater mit all der Distanz sind, die Väterlichkeit auch bedeutet, dann stopfen Sie Ihr Kind mit solchen Worten und dem Klang Ihrer Stimme und der Vertrautheit, die von keiner Papa-Wut ganz verloren geht, mit ganzen Wagenladungen voller Selbstvertrauen – aber es ist schon klar: Schwache Väter können das nicht, spießige auch nicht, besserwisserische und strafende schon mal überhaupt nicht. Verbürgt sind Ihre Forderungen durch die Elternliebe, hier in Form von »Recht auf Stolz« – im Übrigen fürchten moderne Kinder und Jugendliche nichts mehr, als ein »Loser« zu sein; übrigens viel mehr als wir früher, die mit der Rolle des »Versagers«, ob in den Schilderungen seiner Jugend von Peter Weiss oder Hesses gutem alten »Steppenwolf« noch eine gewisse Romantik verbanden. Jugendliche heute haben diese Gegenbilder nicht mehr, das ist irgendwie auch schade, aber ein anderes Thema. Für Ihre Erziehungskünste dürfen Sie ungehemmt auch diese Eigenart der Kinder- und Jugendkultur ausnutzen: Sie sind kein »Loser«, also Ihr Kind auch nicht. So einfach ist das. Deswegen können Sie auch stolz sein. Und darin lassen Sie sich von einem unmündigen Kind und einem viertel-erwachsenen Teenager überhaupt nicht abbringen.

Pubertät müsste verboten werden

Pubertät – gibt's die?

Insgesamt ist die seelische Befindlichkeit von Kindern, die sich der Pubertät nähern oder sich gar mittendrin befinden, eine völlig zerrissene. Sie wollen wenigstens zwei Dinge gleichzeitig, folgen mindestens zwei Impulsen zur gleichen Zeit, haben mindestens zwei existenzielle Grundbedürfnisse, die einander freilich ausschließen.

Zum einen wollen diese »Fast-schon-nicht-mehr-Kinder« in der kindlich-kollusiven Verbindung mit Mama und ein bisschen auch mit Papa verharren, möchten um alles in der Welt in der Geborgenheit der Familie und ihrer stabilen Ordnung aufgehoben bleiben. Und zugleich wollen sie Individualität entfalten, frei und ungebunden, dynamisiert von ersten sexuellen Aufregungen, sie wollen die Welt – ähnlich wie der 2½-Jährige, der sich auf die eigenen Beine stellt – als Abenteuer und Freiheit erleben.

Beides geht nicht so recht zusammen.

Beschrieben worden ist diese Zerrissenheit schon oft, aber dieselben psycho-pädagogischen Schriften, die diesen seelischen Spagat erläutern, unternehmen gleich anschließend – nicht ganz logisch – den Versuch, darauf mit *eindeutigen* Ratschlägen zu antworten.

Ich rate dagegen zur Uneindeutigkeit.

Aber der Reihe nach.

Das Erste: Ich rate Eltern, in dieser mühseligen Entwicklungsphase zu ihren Kindern und zu den eigenen

Aufgeregtheiten eine beruhigende Distanz einzulegen. Schon schwierig genug.

Man erwirbt sie dadurch, dass man sich mit einer gewissen fatalistischen Gelassenheit zurücklehnt und denkt: »Das ist nun einmal so, lässt sich nicht ändern und geht mit derselben Naturwüchsigkeit wieder vorbei.«

Merkwürdigerweise wirkt sich solche freundlich-entspannte Distanz äußerst positiv auf das wirbelnde Seelenprogramm der Pubertierenden aus. Nach meiner Erfahrung sind bei diesen Kindern, die keine Kinder mehr sein wollen, vor allem solche Väter hoch angesehen, die es hinkriegen, sich aus nicht lösbaren Konflikten einfach zurückzuziehen, etwa mit Worten wie: »*Das geht mich hier eigentlich alles überhaupt nichts an, schließlich ist es dein Leben und nicht meines*«. Und sich anschließend um ihre eigenen Sachen kümmern.

Ausgerechnet diese Väter, die gemessen an konventioneller Erziehungsmoral egoistisch wirken, genießen den meisten Respekt. Jedenfalls viel mehr als solche Väter, die sich in die allerersten Pubertätskonflikte schon einbinden lassen und hinterher nicht wieder herausfinden.

Das hat damit zu tun, dass Eltern, die sich mit ihren Kindern in Konflikte verstricken, von diesen als *gleichwertig* erlebt werden, was als Enttäuschung empfunden wird. Auch für Pubertierende gilt: Sie wollen starke Eltern, vor allem starke Väter.

Der etwas »ferne Vater«, der sich auch jederzeit raushalten kann, der sich von einem pubertierenden Sohn oder einer pubertierenden Tochter sein Leben nicht durcheinander schütteln lässt, wirkt natürlich stabiler, stärker, also vorbildlicher für Kinder in manifesten Identitätsnöten, als jener Papa, der mit hochrotem Kopf und schriller Stimme »Disziplin« einfordert – und meist nicht durchsetzen kann, jedenfalls nicht auf Dauer.

Souveräne Präsenz – unbekümmert von moralisierenden Pädagogen und Zeitschriften-Ratgebern, das ist mein Rat. Sie äußert sich beispielsweise mit folgenden Worten: »*Mir geht es vorzüglich, auch wenn es dir heute miserabel ergangen ist, und deinem Gesichtsausdruck nach zu urteilen ist das der Fall. Das tut mir sehr leid – ist aber irgendwie nicht mein Problem, offen gesagt.*«

Solch eine unerschütterliche und in gewisser Weise schützende Ruhe fasziniert und zieht Sohn oder Tochter geradezu magisch an, aus zwei Gründen. Erstens, sie finden in ihrer fließend-mürrischen Verfassung einen Gegenpart, insofern einen gewissen Halt, und außerdem wären sie gegenüber ihren Schulängsten, Versagensängsten und was sonst noch alles gern genauso cool.

Mein zweiter Rat geht noch ein wenig über das »Abwarten, Abstand einlegen, Distanz« hinaus. Ich plädiere für kritische Selbstüberprüfung. Was ist damit gemeint?

Eltern durchlaufen auch eine pubertäre Krise, sie müssen in der Pubertäts-Phase ihrer Kinder einige Allmachtsfantasien aufgeben. Ihnen bleibt gar keine andere Wahl, als sich zu der – freilich keineswegs einfachen – Einsicht durchzuringen, dass sie das Leben ihres Kindes nicht länger regulieren, dass sie seine Ziele nicht bestimmen, sein Verhalten nicht kontrollierend »in den Griff« bekommen können. Ihr Kind wächst in ein Entwicklungsstadium hinein, in dem es eigenständig mit den Folgen seiner Handlungen zurechtkommen muss, oder es nimmt Schaden an seiner Persönlichkeit.

Disziplinierende Aufgeregtheiten, permanente Kontrolle vermehren natürlich die verwirrenden Identitätszustände, die mit dem Schritt in die Eigenständigkeit über die 14- oder 15-Jährigen hereingebrochen sind wie Schicksalsschläge. Elterliche Disziplin, gar mit Strafandrohungen, beeinträchtigt den steinigen Pfad zur Individualität, hemmt die kaum begonnene Selbstständigkeit – kurzum, verlängert das pubertäre Drama ins Unendliche. Dagegen wehren sich die pubertierenden Kinder – ganz zu Recht.

Also, zwei Schritte zurücktreten, den Sohn oder die Tochter in aller Gelassenheit auch mal »gegen die Wand« laufen lassen, sei es in der Schule oder sei es bei den Freunden, das entspannt das ewig pochende schlechte Gewissen der Eltern kräftig. Und schauen wir nur genau hin: Es hat seine Wurzeln nicht zuletzt in den erwähnten Erziehungs-Allmachts-Fantasien vieler Eltern – sie fühlen sich für alles verantwortlich, als hätten sie jedes Ungemach abwehren können. So ist es aber nicht.

Diese Einsicht entlastet ganz ungemein (notfalls sucht man einen Thai-Meister auf, um sich in buddhistischer Schicksalsergebenheit zu üben).

Der Wegfall des schlechten Gewissens führt nicht zuletzt dazu, dass die unerträgliche Eltern-Besserwisserei, die nach einer Niederlage auf die Kinder einprasselt, ausfällt. Wer nach einem »Versetzung gefährdet« ungehemmt lostrompetet, er habe es schon immer kommen sehen (*»aber du hörst ja nicht!«*), wer nach einem schmerzlichen Konflikt mit Freunden aus der Gleichaltrigen-Gruppe allen Ernstes darauf hinweist, dass den Freunden wahrscheinlich ebenso wie Papa und Mama die pubertäre Arroganz fürchterlich auf den Nerv geht, usw. – nun ja, der stiftet wenig Vertrauen und noch weniger Selbstvertrauen und klinkt sich als Tröster und Berater aus – jedenfalls vorübergehend.

Pubertät heißt, ein Kind muss sich unter mühsamsten seelischen Bedingungen von dem »sicheren Ort Familie« lösen, jedenfalls ein wenig. Wenn Eltern sich nun in unaufhörliche Konflikte verstricken lassen, dann drängen sie ihm neben der ungemütlichen Meckerei und Schimpferei auch noch viel zu viel Nähe auf. So merkwürdig es klingt: Wenn Mama mit einem nicht enden wollenden Wortschwall über den Sohn herfällt, dann reagiert der zwar mürrisch-verschlossen, zugleich ist Mamas Klagegesang aber ein schwacher Widerhall früherer kollusiver Bindungen, und wird nicht zuletzt deshalb oft mit staunenswerter Geduld angehört. Der pubertären Selbstständigkeit ist damit natürlich ein Bärendienst erwiesen.

Achten Sie einfach mal darauf. *Nichts* ist eindeutig in dieser Phase.

Wird also deutlich, warum Distanz verbunden mit souverän-freundlichem »Abwarten« die bessere Alternative ist? Noch einmal: Sohn oder Tochter streben ein komplettes Paradoxum an. Sie wollen *total* unabhängig sein und gleichzeitig die Geborgenheit verlässlicher – also nicht von Teenie-Krisen hin- und her geschüttelter – Eltern spüren. Soviel Chaos im Kopf und in der Seele – da darf man ja wohl mal müde sein, erschöpft ohne äußerlichen Grund, gereizt ohne erkennbare Ursache und urplötzlich lauthals vergnügt sein – je nach Belieben und Befindlichkeit.

Oder anders gesagt: Kinder lieben und benötigen ihre Eltern dann am allermeisten, wenn man es ihnen ganz und gar nicht ansieht.

Haben Eltern diese innere Distanz auf die Reihe bekommen, haben sie gute Karten, dass die mürrischen Kinder genau wegen dieser Distanz, wegen ihrer relativen Unerreichbarkeit Papa und Mama wieder aufsuchen, als lägen ausgerechnet bei denen alle Antworten auf die Weltprobleme abrufbereit. Haben die Eltern innerliche und äußerliche Ruhe bewahrt, sind sie auch in der Lage, die (meist urplötzliche) Bindungssuche ihrer Kinder freundlich anzunehmen. Haben sie ihre Ruhe nicht bewahren können, sind sie viel zu verärgert, nervös, aufgeregt-besserwisserisch, beginnt der ganze Konflikt mit Enttäuschungen auf beiden Seiten von vorn.

Nebenbei bemerkt, wir kennen einen ganz ähnlichen seelischen »Mechanismus« aus unseren jugendlichen Verliebtheiten. Das hübsche Mädchen, das ganz und gar nichts von einem wissen wollte, war immer eine Spur interessanter als diejenige, die sich um einen bemühte.

Distanz ist insofern ein gutes Leitbild für den geplagten Sohn. Er muss ja gerade mühsam lernen, einen inneren und äußeren Abstand einzuhalten, um das andere Geschlecht zu beeindrucken (bei Mama war von solchen komplizierten Seelenvorgängen nicht die Rede, kuscheln war kuscheln und Geborgenheit war Geborgenheit – solche einfachen und schönen Seelenverhältnisse sind nun vorbei!). Mädchen, scheint mir, sind in diesem Punkt begabter als die Jungen, haben aber auch die Neigung, sich an den als »süß« empfundenen Knaben heranzuschmeißen und eine Abfuhr nach der anderen zu erleben. Starke Mütter und Väter auf Distanz sind tatsächlich unverzichtbare und *tröstliche Vorbilder.* Sie zeigen, wie man es das nächste Mal besser macht – schon das erleichtert die betrübte Seele! Und: Es gibt immer ein nächstes Mal.

An ihnen kann man in gewisser Weise sogar die Technik der Kommunikation lernen: Wann wirke ich attraktiv für andere, wie stelle ich es an, viel interessanter zu sein, als ich mich selber fühle? Das sind alles existenzielle Fragen für 14- und 15-Jährige. Aus dieser Perspektive wird verständlich, wieso ein gut gelaunter Papa sehr viel wichtiger für seinen Sohn ist als ein sorgenvoll vergrämter (die Väter, die jeden pubertären Konflikt zum Anlass nehmen, von ihrer eigenen Jugend zu erzählen, ausufernd meist, lasse ich mal weg, die sind sozusagen außer Konkurrenz und man kann ihnen mit diesem Büchlein auch nicht helfen). Auch nicht viel interessanter und nachhaltiger Identität stiftend ist der Vater, der sich vor jedem Mathetest von der jugendlichen Prüfungsangst anstecken lässt, stundenlang mit seinem Sohn paukt, dessen miese Stimmung (einerseits will der Kleine/Große überhaupt nicht lernen, das Pauken geht ihm auf die Nerven, andererseits will er unbedingt den Test bestehen und nicht als Loser dastehen) gekränkt zur Kenntnis nimmt und sich schließlich – nach ein, zwei Stunden Pauken, bei dem wahrscheinlich eh nicht viel raus kommt – lauthals in eine Auseinandersetzung mit Sohn oder Tochter verstrickt. Übersehen wir nicht, dass spätestens bei diesen wutgeladenen Vater-Sohn-Vater-Tochter-Konflikten alles Gelernte endgültig wieder gelöscht wird.

Von außen betrachtet sind die allermeisten pubertären Konflikte in einer Familie ziemlich komisch, was man allerdings, wenn man Hals über Kopf drinsteckt, weniger bemerkt – dann sind sie nichts als nervend und zwar von Tag zu Tag, von Stunde zu Stunde. Eine Nerverei, die nicht aufhören will und selbst einen geduldigen Menschen schier um den Verstand bringt.

Also: Jede Verstrickung ist riskant, jedes überzogene oder voreilige Mitgefühl für die Probleme des Erwachsenwerdens birgt ein Konfliktpotenzial. Nein, bleiben Sie in der »Attraktivität des nicht ganz Erreichbaren«, lassen Sie Ihren Sohn dreimal überlegen und dreimal wünschen, dass Papa ihm nun helfen möge, bevor er zögernd an Ihre Tür klopft. Dann können Sie ja immer noch hilfreich einspringen, und natürlich ist Ihre Hilfe jetzt viel effektiver als diejenige, die Sie ihm aufdrängen wollten. Töchter entfalten bei solchen Verführungen zum Gemeinsam-Lernen übrigens oft eine eigenwillige Taktik, die aus Koketterie und mauligem Selbstbewusstsein höchst eigenartig zusammengesetzt ist – freuen Sie sich daran, das alles dauert ja höchstens zwei, drei Jahre.

Bis sie oder er aber an Ihre Tür klopft, buchstäblich oder im übertragenen Sinn, »halten Sie sich raus«. Natürlich geht man dabei Risiken ein! Das geht gar nicht anders. Natürlich könnte es sein, dass ein träger pubertierender 14-Jähriger viel zu spät um Hilfe nachsucht; dann ist die schulische Situation schon festgefahren, dann kommt es auf den allerletzten Mathe-Test an und eine Fünf könnte das endgültige Aus bedeuten. Dann ist das Kind schon fast in den Brunnen gefallen und reckt nun verzweifelt die Arme nach oben: »*Hilf mir mal!*«

Mein Ratschlag ist aber gar nicht so vordergründig, harmlos oder trickreich, wie er auf den ersten Blick wirken mag. Er führt vielmehr direkt in die Tiefe der pubertären Nöte. Sie werden jetzt nicht besserwisserisch, wie gesagt, Sie werden aber auch nicht ängstlich. Bedeutet die Fünf in Mathe, dass Ihr Sohn eine Klasse wiederholen muss, dann ist das eben so. Es ist seine Fünf, er wiederholt die Klasse, er muss jetzt damit fertig werden, dass er vor seinen Freunden und möglicherweise einem heimlich bewunderten Mädchen als »Loser« dasteht. Mit solchen Niederlagen kommen die modernen Kinder, die ja zum großen Teil narzisstisch verwöhnt sind, ganz schlecht zurecht.

Jetzt können Sie ihm Ihre Hilfe anbieten. Am besten nicht durch Worte, sondern durch Ihre Präsenz. Sie machen ihm deutlich, dass Sie Ihr eigenes Leben durchaus im Griff haben, dass es also Möglichkeiten gibt, seine beruflichen Aufgaben zu erfüllen, sogar mit Spaß, dass es Möglichkeiten gibt, erfolgreich zu sein, ohne dabei permanent in Hetze und Überarbeitung zu verfallen und sich die gute Laune verderben zu lassen, Sie zeigen ihm vor allem, dass Sie angesichts seines Konfliktes nicht die Nerven verlieren. *Spätestens jetzt* werden sich Sohn oder Töchterchen mit Ihnen identifizieren, sie haben gar keine andere Wahl.

Sie, der Vater, verkörpern in solchen Lebenskrisen (und es sind Krisen!) den seelischen Ausweg, eröffnen trostreich Zukunft und die Gewissheit, dass jedes Mal, wenn eine Tür zuschlägt, eine andere aufgeht; man muss allerdings ziemlich heftig daran rütteln – Sie sind der Fels in der Brandung der pubertären Wirren, während Ihr enttäuschtes/gekränktes/wütendes Kind sich einerseits am liebsten in Mamas Bauch verkriechen würde und vom Erwachsenwerden überhaupt nichts wissen und zum anderen wild rudernd und um sich schlagend das Erwachsenwerden erzwingen will, gleichsam gegen die ganze Welt. In diesem Wirbel sind Sie nur durch Ihre stabile Präsenz und nichts anderes ein hilfreicher und wertvoller Mensch. Immer ganz in der Nähe, immer abrufbereit, aber nicht selbst rufend.

In solchen Konfliktsituationen kommt es sehr auf Details an, auf die Feinabstimmungen. Auch das ist wieder so, wie es schon in den ersten drei Lebensjahren Ihres

Kindes war. Ihre Stimme muss eine gewisse Gelassenheit beibehalten, wenn Sie sich mit Sohn oder Tochter zusammenhocken und sagen: »*Na, wollen wir mal sehen, wie wir aus dieser Nummer wieder rauskommen.*« Sie nehmen ihm/ihr nicht ein kleinstes Stück seiner Verantwortung ab. Sie machen auch keine unnötigen optimistischen Versprechungen in dem Sinn: »*Das kriegen wir schon hin*«. Es gibt pubertäre Konflikte, die kriegt man nämlich nicht hin, auch beim besten Willen nicht.

Sie sind »da«, aber nicht bereit, dem Kind die Verantwortung für sein eigenes Leben abzunehmen. Wenn Sie diesem Gedanken ein wenig nachlauschen, spüren Sie schon, wie viel seelischen Aufwand und wie viel Energie ausgerechnet dieses Distanz-Halten erfordert, Sie merken, dass das »Sich-nicht-einmischen« mindestens so anstrengend ist wie das ewige Dreinreden, Korrigieren und Kontrollieren (und das in der Pubertät mit untrüglicher Gewissheit von einem Konflikt in den nächsten und letztlich in ein ziemliches Desaster führt).

»*Ich habe dich lieb, aber dies ist jetzt dein Leben, dies ist deine Mathearbeit, dies sind deine Freunde, wenn du dafür lernst, helfe ich dir, wenn du nicht lernen willst, lässt du es eben bleiben. Wenn du für deine Freunde ein interessanter und aufmerksamer Gesprächspartner sein willst, dann können wir darüber reden und vielleicht gebe ich dir ein paar Hinweise, wenn du aber auf deiner Art und möglicherweise deiner Besserwisserei und einem hochfahrenden »Ich-kann-alles« beharrst, dann ist es wieder dein Problem. Im Übrigen sind Papa und Mama an deiner Seite, wenn es etwas schief geht. Verantwortlich bist du aber ganz allein, niemand sonst.*«

Ich will ganz nebenbei anmerken, dass Jugendliche allzu

bereitwillig ausgerechnet ihren Müttern die Schuld an jedem Versagen und jedem Fehlschlag zuschieben. Rational ist das nicht – aber wir reden ja auch von Pubertät. In dieser Vorwurfsbereitschaft äußerst sich wieder der Ur-Konflikt: Eigentlich wollen sie mit einem Teil ihres seelischen Fühlens an die nährende umhüllende Brust von Mama zurück oder gleich ganz in ihrem Bauch verschwinden – mit anderen seelischen Anteilen wollen sie genau das Gegenteil. Die Mutter ist also die allererste Adresse zur Abladung aller bewussten und unbewussten Enttäuschung, mal, weil Mama zu nahe und mal, weil sie zu weit weg ist. Also nörgeln sie an ihren Müttern herum, finden sie fallweise total peinlich oder viel zu jugendlich-attraktiv (was ihrer festen Überzeugung nach ausschließlich ihnen selbst zusteht und nicht den Müttern) und sind in ihrem Gebrummel und Genörgel auf eine geradezu verblüffende Art konservativ.

Distanz dazu ist anstrengend. Ich kann das aus eigener Erfahrung bezeugen. Mitunter muss man sich richtig von dem Anblick kindlich-jugendlicher Verzweiflung, ihrem Schmerz oder ihrer maulenden Hilflosigkeit losreißen, um sich nicht verstricken zu lassen. In solchen Phasen ist übrigens eine liebevolle Beziehung zum Ehepartner von großer Bedeutung – ich kenne Paare, die erst über die Pubertätskonflikte ihrer Kinder ihre Liebe wieder entdeckten. Ein schöner Stoff für einen Sommerroman, kommt aber in der Realität auch vor, häufiger als man glauben möchte. Im Bemühen um inneren Abstand benötigt man zeitweise dringend eine Stütze, um der geforderte »Fels in der Brandung« zu bleiben – oder ihn wenigstens glaubhaft darzustellen.

Fragen wir uns noch einmal: Wann ist ein Mensch interessant für uns? Wenn er ständig um uns herumspringt und Vorschriften macht und im Übrigen darauf hinweist, dass er alles schon immer gesagt habe? Eher nicht! Interessant ist ein Mensch, wenn er sich mit interessanten Dingen befasst, wenn er eine gewisse Zufriedenheit oder gar eine Erfüllung in seinen beruflichen oder sonstigen Tätigkeiten zu erkennen gibt. Wenn er einen freundlichen, ja liebevollen, aber gleichwohl distanzierten Blick auf mich richtet. Dieser Blick zeigt mir, dass ich seine Zuneigung, ja seine Liebe erwerben kann, *wenn ich mich darum bemühe*. Der Blick zeigt auch, dass dieser Mensch souverän ist und auf meine Bemühungen nicht angewiesen ist. Wenn ich sie nicht unternehme, ist er mit sich selber eigentlich auch ganz glücklich. Mich braucht er nicht, also brauche ich ihn.

So empfinden wir eigentlich alle, so empfinden auch pubertierende Söhne und Töchter. Je mehr Personalität Mama und Papa einzubringen haben – aus ihrem eigenen erfüllten Leben und ihrer Paarbeziehung – desto attraktiver sind sie für das pubertierende Kind. Und je mehr sie sich über Erziehungsfragen oder sonstwas zerstreiten, umso verzichtbarer erscheinen sie. Eigentlich liegt alles auf der Hand. Eigentlich ist alles ganz klar.

Pubertät zum Zweiten

Aber machen wir uns nichts vor. Diese Begriffe wie »Präsenz« und »Integrität« oder »Autonomie« oder »Personalität« schreiben sich locker dahin, sind aber gar nicht leicht umzusetzen. Nie stehen wir so sehr auf dem kritischen Prüfstand eines anderen Menschen wie in der Phase der Pubertät unserer Kinder. Nie wieder wird sich ein Blick so misstrauisch, so sehr nach Schwäche forschend und von jeder Schwäche enttäuscht, nie wieder wird sich eine solche pingelige Bereitschaft, Papa oder Mama »peinlich« zu finden, einstellen wie jetzt.

Stärke kann man nicht einfach behaupten. Persönliche Integrität und Selbstständigkeit muss man Stunde für Stunde leben. Ganz klar, dass ein Vater, der mit hochrotem Kopf im Türrahmen des Sohnes aufgetaucht ist und einige Befehlsworte brüllte, die der Knabe weder verstanden noch befolgt hat, als Vertrauensperson oder gar als Vorbild für die nächsten Monate ausfällt. Das bedarf eigentlich keiner weiteren Begründung. Nirgends macht sich Gehorsams-Pädagogik so nachhaltig lächerlich wie in pubertären Konflikten.

Dasselbe gilt für eine Mutter, die bei dem 14-Jährigen die Schultasche durchforscht und immer wieder unerledigte Mappenführungen oder nicht zu Ende gebrachte Hausaufgaben findet, dann in ein lang anhaltendes »Meckern« (das oft von einer wehleidigen Klage kaum zu unterscheiden ist) verfällt – nein, sie wird nicht damit rechnen können, in den seelischen Nöten ihres Sohnes zu Rate gezogen zu werden. Auch sie hat sich entwertet.

Und die Frage, die sich vielen Eltern nun aufdrängt, ob sie denn ihren halbwüchsigen Sohn oder ihre Tochter einfach sich selbst überlassen sollen und ins Unglück rennen lassen, beantworte ich mit der nun mehrfach beschworenen »Distanz«. Sie können eben nur, was Sie können. Es macht wenig Sinn, Unmögliches zu fordern, weder von sich selber noch von dem Kind.

Wenn Ihr Sohn seine Schulmappen nicht ordentlich führt, dann können Sie kontrollieren, bis Sie schwarz werden, so viel Kontrolle gibt es gar nicht, dass Sie ihn gegen seinen Willen zu einer geordneten Mappenführung anhalten. Und der Wille eines Pubertierenden ist so stark wie der eines Kindes im Trotzalter, aus den genannten Gründen. Pubertierende Söhne oder Töchter müssen ihren Willen gegen die übermächtigen Eltern-Figuren behaupten, sie werden sonst seelisch »gestört«.

Wenn es nur ein Problem gäbe – die Mappenführung beispielsweise – und sonst alles friedfertige Harmonie wäre, ließe sich das mit gehöriger Anstrengung beiderseits ja noch regeln. Aber Konflikte in der Pubertät haben nun eben die Eigenart, gehäuft aufzutreten. Wenn ein 14-jähriger Sohn keine Debatte durchstehen kann ohne entweder besserwisserisch gegen alle vernünftigen Argumente auf seiner Position zu beharren oder in ein gekränktes Schweigen zu verfallen, dann können Sie daran so wenig ändern wie an seiner Schluderei. Sie können sich nur überlegen, ob Sie für die nächsten Monate das Debattieren mit ihm total einstellen.

Vielleicht weisen Sie ihn einmal auf seine sture Schwäche hin: »*Es macht keinen Spaß, mit dir zu diskutieren, du behältst ja doch immer Recht.« Solche Sätze mit einer kleinen selbstironischen Anmerkung (»dabei habe ich doch immer Recht, wie jeder vernünftige Mensch weiß!«* – beispielsweise!) machen solche kritischen Anmerkungen für das pubertäre Selbstgefühl übrigens erheblich erträglicher und stabilisieren ganz nebenbei Ihr »cooles« Ansehen in den Augen des Kindes.

Aber ob Sie ihn trickreich und geschickt zu lenken versuchen oder sich gleich ganz zurückziehen – bis der Wunsch nach elterlicher Hilfe eintritt – ist eigentlich ziemlich egal. Ob Sie es mögen oder nicht, Sie müssen akzeptieren, dass Ihr Kind Ihnen entwächst, dass es sein eigenes Schicksal hat und dass Sie ihm dies nicht ersparen können, dass seine Siege nicht Ihre Siege und seine Niederlagen nicht Ihre Niederlagen sind. In all der elterlichen Sorge und Meckerei steckt nämlich, wie in der pubertierenden Unzufriedenheit und Kritiklust, ein gehöriges Stück Angst vor dem Verlust der Bindung, die die Kindheit so schön gemacht hatte. Aber – siehe oben – Sie können ganz und gar nichts daran ändern.

Sie haben in dieser Phase ohnehin genug damit zu tun, Ihre Präsenz in unaufdringlicher, aber für Ihr Kind zumutbarer Weise aufrecht zu erhalten. Ich sagte schon, eine solche Dichte beobachtender Blicke, immer auf dem Sprung zur Kritik, müssen Sie danach *nie wieder* erdulden.

Das tröstet aber nur in Maßen. Das Kind beobachtet genau, wie souverän man sich in jedem Gespräch gibt! In jedem Lebenskonflikt (es gibt ja auch noch andere Probleme als nur die pubertären) mit einer gewissen Sicherheit zu agieren, fortwährend zu demonstrieren, dass man alle

Probleme in den Griff bekommt, das ist Stress pur! Und jede Unsicherheit wird genauestens registriert.

Deshalb noch einige nützliche Hinweise: Sie dürfen auf gar keinen Fall neuesten Moden hinterher rennen, auch wenn Ihre Tochter jetzt noch so sehr von jenem Pop-Stil oder dieser Mode schwärmt, alles Mitschwärmen wird Ihnen als Schwäche ausgelegt, Sie dürfen natürlich andererseits alles Modische nicht rigoros ablehnen oder gar auf dem »Guten/Alten/Bewährten« beharren, das wird Ihnen als Halsstarrigkeit und Zeichen beginnender Altersdemenz ausgelegt.

Kurzum, die empfohlene Distanz hat eine weitere Begründung darin, dass Eltern von pubertierenden Kindern ganz wesentlich damit ausgelastet sind, nicht unangenehm aufzufallen. Schon wieder so ein Satz, der sich leicht dahinschreibt und kaum zu verwirklichen ist. Finden Sie sich einfach damit ab: Jedes Kind im frühen Teenie-Alter findet den einst so bewunderten Papa und die heiß geliebte Mama irgendwann peinlich. Schwer zu ertragen. Aber es handelt sich wieder um ein seelisches Urgesetz, dem kaum zu entkommen ist und das Sie, wenn Sie stur auf Disziplin und Gehorsam beharren, nur ins Unerträgliche steigern.

Nichts ist einfach, aber es ist auch nicht ganz so schwierig. Wenn Sie nämlich ein im Großen und Ganzen recht selbstbewusster Mensch sind, der sein Selbstbewusstsein von kindlichen oder pubertären Konflikten nicht eintrüben lässt, wenn Sie eine liebevolle Mutter sind, die trotz töchterlicher Launen und mauliger Sohnes-Sehnsüchte ihren Spaß am Leben nicht verliert, dann haben Sie bei Ihrem Kind einen gewaltigen Kredit. Das gilt seltsamerweise völlig unabhängig von der schon erwähnten Tatsache, dass Sie ja phasenweise auf unerträgliche Weise »nur peinlich«, überdies anstrengend und überhaupt nervend sind. Machen Sie sich klar: Sie können tun oder lassen, was Sie wollen, daran ändern Sie nichts. Das steht einfach nicht in der Macht von Eltern.

Sie müssen also richtig »erwachsen« sein, manche Väter werden es erst durch die Pubertät ihrer Kinder (ich weiß das!), Sie müssen ja in der Lage sein, die kritischen Augen eines anderen Menschen und die permanente Nörgelei an Ihrer Person gelassen und humorvoll auszuhalten. Sie müssen als erwachsener Mensch so viel Selbstsicherheit gespeichert haben, dass nicht jeder missbilligende Blick Sie gleich aus den Schuhen haut (ein vorzügliches Selbstbehauptungs-Training!) – kurzum, so viel »erwachsen«-besonnenes, sich selbst in Zweifel ziehendes und gleichwohl selbstbewusstes Reagieren wird Ihnen wiederum Ihr Leben lang nicht noch einmal abverlangt. Gelingt Ihnen das, unter totalem Wegfall aller normativ-spießigen pingeligen und ordnungshütenden Gehorsamspädagogik, kann diese »kritische Phase« Ihre familiären Beziehungen langfristig, sehr langfristig stärken.

Kinder haben ein untrügliches Gefühl für erwachsene Schwäche, aber auch für erwachsene Stärke. Wenn Sie seine (ihre) Kritteleien also unbeeindruckt überstehen, hin und wieder eine selbstkritische Bemerkung einstreuen und deutlich machen, dass Sie das Verhalten Ihres Sohnes und Ihrer Tochter noch nicht von dieser lupenreinen Reife geprägt sehen, die es sich selbst zuschreibt, dann können Sie ziemlich sicher darauf zählen, dass Sie nach Ablauf der anstrengenden Monate in den Augen Ihres Kindes noch einmal erheblich gewachsen sind.

Warum waren Sie denn so »peinlich« für Ihr Kind?

Doch nur, weil es in seiner Selbstfindung noch ganz in der Identifizierung mit Mama und Papa verstrickt war. Das ganze Kritteln und Nörgeln war zum einen eine Art von Selbstkritik, zu der ein Mensch nie wieder so schonungslos begabt ist wie in der Pubertät, und war zum anderen *Selbstfindung über Ihr Vorbild,* deswegen schmerzt jede elterliche Schwäche einen Teenie so maßlos. Haben Sie seinen oder ihren Respekt aber bewahrt, oder ist er gar gewachsen, dann sind Sie verlässlicher im Selbstbewusstsein Ihres Kindes verankert als je zuvor. So viel nervige Mühe, aber auch so viel Anerkennung!

Also, zusammengefasst: Gelassenheit und Distanz, Abwarten, bis die schwierigen zwei, drei Jahre vorüber sind, humorvoll mit den eigenen Schwächen und Aufgeregtheiten umgehen, mit der Wankelmütigkeit und dem Missmut des Kindes, zugleich aber seine Selbstverantwortung dadurch stärken, dass man ihm keinen Gran Selbstverantwortung einfach abnimmt, aber bei eklatanten Schwierigkeiten als erstklassiger Tröster zur Verfügung steht: So überdauert jede Familie die Pubertät.

Wenn ein so mit neuem Respekt ausgestatteter Vater seiner Tochter sagt, *»Bring mir mal einen Joghurt aus dem Kühlschrank«* oder eine Mutter ihren Sohn auffordert, *»Bring mal den Müll runter«,* dann können beide fest darauf rechnen, dass Sohn oder Tochter im Prinzip geneigt sind, ihnen zu folgen. Was gelegentliches Maulen nicht ausschließt, auch nicht den Hinweis auf die absolute Erholungsbedürftigkeit des halb erwachsenen Kindes, unter solchen günstigen Voraussetzungen aber auch nicht ausschließt, dass Sie antworten: *»Nein, nein, nicht gleich, nicht in 10 Minuten und auch nicht morgen, sondern jetzt!«*

Ein Holzbett, zwei Matratzen und ein unnötiger Konflikt oder: Das kommt gar nicht in Frage …!

Zahlreiche Konflikte mit Pubertierenden löst man einfach dadurch, dass man sie unterlässt. Klingt ein bisschen magisch, ist aber ganz einfach.

Wir Erwachsenen neigen zur Halsstarrigkeit, also exakt zu dem, was wir unseren Kindern gern vorwerfen. Wir beharren dann auf unserem Willen und rücken um keinen Millimeter von unserer Position ab. Alles gute Zureden von unseren halbwüchsigen Kindern, alle Argumente prallen an uns ab, alles Betteln und Schmeicheln wird überhört.

Wir haben schließlich Recht! Wir wissen ja, was »korrekt« ist, was »sich gehört« und wie man die Sachen richtig anpackt. Wir haben sozusagen mit unserem Erwachsenen-Sein die Lizenz auf Besserwisserei erworben. Die lassen wir uns ungern nehmen.

Wie beispielsweise in einem kleinen Konflikt, der sich vor einiger Zeit in meiner Beratungspraxis zutrug und sich von einem geringen Anlass zu einer ernsthaften Differenz zwischen Vater und 16-jähriger Tochter entwickelt hatte. Die Tochter wollte auf einer Matratze auf dem Fußboden schlafen, wohl gemerkt, in ihrem eigenen Zimmer. Papa hatte aber just zu diesem Zeitpunkt ein ordentliches Holzbett gekauft mit einer gesundheitsfördernden Hartmatratze, einen lila Überzug – von dem er ganz fest überzeugt war, dass er bis in die Farbschattierungen exakt dem Geschmack seiner Tochter entsprechen würde –, und das Ganze, ohne zu fragen, in ihr Zimmer postiert.

Nun wartete er voller Stolz und mit wehmütigem Gedenken an die nicht geringen Kosten, die das alles verursacht hatte, auf seine Tochter. Die war verblüfft, dann empört, nur leider überhaupt nicht erfreut. Sie wollte nämlich auf der Matratze unten auf dem Fußboden schlafen. Sie wollte kein Holzbett, keine andere Matratze und lila gefiel ihr überhaupt nicht mehr, schon seit Jahren nicht.

»*Das weißt du doch, Papa*«, maulte sie. Aber Papa hatte keine Ahnung, er hatte immer noch das Bild seiner 12-jährigen Tochter im Kopf und die stand schwer auf pink und lila.

Aber die Zeiten hatten sich geändert und Papa hatte nichts davon gemerkt. Er hätte es auch gar nicht merken *wollen*, die Kinder wachsen einem so schnell über den Kopf und am liebsten würde man die Zeit anhalten!

Mit anderen Worten, es handelte sich um einen liebevollen Papa, er wollte seiner Tochter eine Freude machen.

Nun ist es leider unter Menschen so, dass es zwei Arten von Enttäuschungen gibt. Die eine besteht darin, dass wir jemandem eine Hoffnung gemacht haben und sie dann nicht einlösen, die andere besteht darin, dass wir jemandem eine Freude machen wollen, und der oder die enttäuscht *uns*, indem er oder sie sich überhaupt nicht erfreut zeigt, sondern missverstanden, und indem er möglicherweise mault und gekränkt ist.

Eine halbwüchsige Tochter, die mault, ist für jeden liebevollen Vater eine schmerzliche Erfahrung. So weit wird man den Vater verstehen und seine Enttäuschung teilen können – er hatte jedenfalls, als er seine Geschichte vortrug, immer noch eine gehörige Portion Bitterkeit in der Stimme.

Seine Tochter saß daneben, auch nicht glücklicher, sondern empört. Ihre Empörung ließ mich aufmerken.

Sie wollte die Matratze nicht. Nun gut, darüber würden sie sich doch wohl einigen können, Papa trotz seiner Enttäuschung und das Töchterchen, obwohl sie sich unverstanden fühlte. Aber der kleine Anlass war, wie gesagt, schon zu einem heftigen Konflikt angewachsen.

Papa beharrte – weil seine Enttäuschung inzwischen einer halsstarrigen Selbstgerechtigkeit (nun ja, einer vergleichsweise milden) gewichen war – darauf, dass sein Holzbett im Zimmer blieb. So ist es *»ordentlich«*, so *»sieht es nach etwas Vernünftigem aus«*, *»das Holzbett bleibt da stehen, wo es steht, basta!«*

Er hatte ein Machtwort gesprochen und hielt die Sache damit für erledigt. Seine Tochter überhaupt nicht. Sie wehrte sich mit Händen und Füßen, knallte die Türen, weigerte sich zum Abendessen zu kommen – seit nunmehr 10 Tagen wechselte sie mit Papa kein Wort mehr.

So saßen sie vor mir. Der Konflikt war unversöhnlich, schier unlösbar geworden, mir aber schien immer noch die Frage ungeklärt, warum aus einem kleinen Anlass eine solch gewaltige Differenz, ein solches Zerwürfnis entstehen konnte. Dazu mussten wir uns alle Drei in eine tiefere Seelenschicht vortasten, und zwar bei beiden, Vater und Tochter.

Schauen wir zuerst auf das halb erwachsene fast-noch-Kind. Warum wollte sie partout auf ihrer alten Matratze auf dem Fußboden schlafen? Objektiv betrachtet ist eine neue Matratze, gut gefedert, auf einem Holzbett ja erheblich angenehmer, wahrscheinlich auch tatsächlich gesünder.

Ganz allmählich stellte sich heraus, dass die Tochter mit der ziemlich verdreckten, ziemlich schmuddelig gewordenen Uralt-Matratze auf dem Boden eine feste Vorstellung verband. Sozusagen ein »inneres Bild«. Diese Matratze war eine, die sie von irgendeinem Dachboden einer Freundin einmal mitgeschleppt hatte. An diese Matratze hatte sie eine ganze Kette von Fantasien gehängt. Es war eigentlich eine Matratze, die man auf eine Abenteuerreise mitnehmen würde, ein verschmuddeltes, verwuseltes Objekt, das ebenso gut in die nordafrikanische Wüste wie in die kalten Nächte von Paris oder New York gepasst hätte. Dort, im Beduinenlager oder bei den Obdachlosen in den Metro- oder Subway-Stationen wäre sie gerade richtig am Platz.

Die Matratze war also in gewisser Weise ein Gegenbild, eine Art seelisches Refugium für eine 16-Jährige angesichts eines als recht öde empfundenen Familien- und Schulalltags. Die Matratze war ein Symbol, ein selbst gegebenes Versprechen, wie spannend das Leben noch sein würde. Jetzt noch nicht, aber bald!

Bald würde sie mit dieser oder einer sehr ähnlichen Matratze und dürftigem Gepäck, alles ein bisschen verschmuddelt und verlaust, unordentlich und unreglementiert, in nordafrikanischen Wüsten oder den Steinwüsten großer amerikanischer Städte auflaufen. Dort würde sich ein ganz anderes, ein freies Leben entfalten, eines, das sie jetzt schon in sich spürte, das pochte und drängelte – mit diesen Fantasien hatte sie einen seelischen Kompromiss gefunden: Jetzt noch nicht, aber bald! Jetzt mache ich noch die 10. Schulklasse zu Ende, vielleicht besuche ich noch die Berufsschule und erreiche das Fachabitur. Aber dann bin ich frei. Dann kann ich mich auf eigene Beine stellen, dann beginnt das Leben.

Die Matratze, Abend für Abend liebevoll und sehnsüchtig angeschaut, war wie eine Vergewisserung darüber, dass ihre Fantasien real werden würden. Die Sehnsucht, die in ihr pochte, hatte ein beruhigendes Symbol, ein »Übergangsobjekt« gefunden. Und davon wollte sie partout nicht lassen.

Bei ihrem Vater sah es ganz anders aus. Zum einen war da die liebevolle Bindung an seine Tochter, der er ein schickes Geschenk machen wollte. Nur, dieses Geschenk hatte eben alle Anzeichen von »Normalität«. So ein Holzbett hat jeder, die gesundheitsfördernde Matratze steht in jedem Matratzenladen herum und eine lila Decke ist für einen Teenager, der sich aufmacht, alle Fesseln zu zerreißen und alle Konventionen zu zerbrechen, der Inbegriff von Spießigkeit. Da waren zwei Lebenskonzepte aufeinander gestoßen, aber heftig. Immerhin, die schlaue Tochter hatte ja mit ihrer Schmuddel-Matraze einen Kompromiss zwischen Realitätseinsicht und ihren Tagträumen gefunden, sie wollte auf *beides* nicht verzichten – dafür sind solche »Übergangsobjekte«, Symbole zwischen fader Realität und magischen Träumen, gerade richtig. Sie war ja bereit, ihre Schule abzuschließen, und auf der anderen Seite war ihr Vater wirklich ein guter und liebevoller Vater. Eigentlich hätten die beiden einen verträglichen Kompromiss finden können, aber davon war jetzt keine Rede mehr.

Jetzt hatte sich der Konflikt maßlos gesteigert, sie hatte bereits angekündigt, dass sie die Schule schmeißen würde und Papa hatte im Gegenzug darauf hingewiesen, dass er seine Tochter auch in ein Erziehungsheim stecken könne. Er hatte sich sogar die Fachbezeichnung dafür sagen lassen, sie lautet »freiwillige Erziehungshilfe«.

Ein Erziehungskonflikt kaum lösbarer Art also. In Wahrheit nur ein Missverständnis.

Und wie kommen die beiden wieder zueinander? Mit Sicherheit nicht dadurch, dass man »disziplinarische Maßnahmen« ergreift. Genau die waren von einer Erziehungsberatungsstelle dem Vater vorgeschlagen worden. Man muss »konsequent« sein, das steht heute von der »Bild am Sonntag« am Frühstückstisch bis zum »Lob der Disziplin« – hoffentlich ungelesen – im Bücherregal. Das erklären im »Spiegel« manche Kultusminister, die von Bildung und Erziehung so viel verstehen wie ich von Astrophysik. Alle Welt sagt das, und woher soll ein gutwilliger Vater wissen, dass all diese wirklichen oder vermeintlichen Fachleute Unfug reden.

Mit dem Unfug hatten sie kräftig Unheil angerichtet, nämlich zu einem Zerwürfnis zwischen Papa, der seine Tochter doch lieb hat, und dem Töchterchen, das von ihrem Papa doch nur enttäuscht ist, beigetragen. Nein, Disziplin führte zu überhaupt nichts. Der Versuch, der ebenfalls von einem wohlmeinenden psychologischen Berater unternommen worden war, die Tochter zur »Vernunft« zu überreden, hatte auch wenig Erfolg. Viel zu tief waren ihre tagträumerischen Abenteuerfantasien mit dieser Matratze verwoben und die war nun eben notwendig für ihre seelische »Integrität« geworden – zu deutsch: für den Kompromiss, den sie mit ihren Zukunftsbildern und den langweiligen Normen der Alltagswelt gefunden hatte. Würde dieser Kompromiss zerbrechen oder im Sinn der »Gehorsamspädagogik« zerschlagen werden, dann wäre auch ihre

Bereitschaft zur moderaten Anpassung in Frage gestellt. *Deshalb* kündigte sich angesichts des drohenden Verlustes der Schmuddel-Matratze sofort die Beendigung einer »vernünftigen« Schullaufbahn an. So hing das zusammen.

Nun zu Papa (die Mutter hielt sich übrigens merkwürdig aus diesem Konflikt heraus, als habe sie verstanden, dass sie in diesem Fall auf der seelischen Ebene, auf der wir inzwischen herumwerkelten, keine Rolle spielte. Sie nahm das gelassen zur Kenntnis, was für einen Kindertherapeuten, der auch andere Mütter kennen gelernt hat, durchaus bemerkenswert ist.)

Natürlich stellte sich bei vertieftem Nachfragen heraus, dass dieser Konflikt in vertrackter Weise vorausgegangenen Konflikten ähnelte. Nur waren die auf die eine oder andere Weise gelöst worden, oft mit einem »Machtwort« von Papa. Aber da war seine Tochter auch noch 12 oder 14 Jahre alt, maulte zwar und brüllte in ihrem Zimmer wild drauflos – doch dann war die Sache auch geregelt.

Jetzt war eine andere Zeit, sie war ja inzwischen 16 Jahre alt geworden. Über ihren Kopf hinweg wurde nichts mehr geregelt. Davon würde keiner sie abbringen.

Wie hatten die freundlichen Kollegen von der Erziehungsberatung gesagt: konsequent bleiben?! Ja nun, fragt sich nur, wie! Gab es eine irgendwie geartete Erziehungsmaßnahme, die Töchterchens Sinn hätte ändern können? Nein, gab es nicht. Zumindest wäre ihr Preis extrem hoch. Der Preis wäre nämlich ein dauerhaftes Zerwürfnis zwischen Vater und Tochter gewesen, das sich möglicherweise erst nach vielen, vielen Jahren oder nie hätte heilen lassen. Das ist so ein Holzbett samt Matratze, auch wenn beides zusammen 600 € und mehr gekostet hat, einfach nicht wert.

Ich forderte den Vater also zu seiner großen Verblüffung dazu auf, nachzugeben. »*Kommt überhaupt nicht in Frage*«, sagte er. »*Schließlich verlange ich nichts Unvernünftiges, alle Verwandten, Onkel, Tanten und Nichten geben mir Recht. Ein Holzbett ist ein Holzbett und vernünftig, und eine verschmuddelte Matratze ist unvernünftig, oder etwa nicht?*« »*Gewiss*«, nickte ich. »*Das Holzbett ist vernünftiger als die Matratze. Aber Ihre Haltung ist nicht vernünftig. Weil zwischen Holzbett und Haltung ein Unterschied besteht, den Sie vielleicht übersehen haben. Lassen Sie uns darüber reden.*«

Was war sein Problem, warum konnte er so gar nicht nachgeben? Der Grund ist einfach: Sein Töchterchen konfrontierte ihn in zweifacher Weise mit einer seelisch schwer zu bewältigenden Situation. Zum einen war ihm, wenn auch weitgehend unbewusst, die durch diese schmuddelige Matratze symbolisierte Abenteuerlust durchaus klar, zugleich spürte er, dass sein Kind flügge geworden war, sich aufmachen würde (noch nicht jetzt, aber bald, in wenigen Jahren schon), um eine Welt zu erkunden, die ihm nur teilweise zugänglich und teilweise ganz und gar fremd war. Das schmerzt jeden Vater. Das tut manchmal noch mehr weh als der erste Freund, den die Tochter anschleppt, auf den auch alle Väter – ausnahmslos – eifersüchtig sind, ganz im Geheimen oder offen und wütend.

Sein Kind soll in der Ordnung der Familie bleiben, sie soll sich allen Normen und Wertigkeiten, die Papa verinnerlicht hat, anpassen. Das ist keineswegs nur ein dumpfes Anpassungsritual, das der Vater dort vollzieht. Es ist vielmehr ein recht verzweifelter Versuch, das Töchterchen an die Familie, Papas Gewohnheiten, seine Moral und Kultur und eben insgesamt an ihr »Zuhause« zu binden. Dann hätte er sie wieder »im Griff« – aber das ist nicht nur als Ausdruck einer simplen Disziplin-Haltung zu interpretieren. Es ist mindestens ebenso sehr Ausdruck väterlicher Liebe, freilich einer schon verzweifelten und leider einer ganz gar und gar vergeblichen.

Der zweite Punkt ist ernster: Papa beharrt auf seiner Vorstellung von »richtig wohnen«, in einem Zimmer liegt man nicht auf dem Fußboden. Papas leicht verdrehte Liebe, von der eben die Rede war, wird damit zu einem unreflektierten Herrschaftswillen. Aus seiner Verfassung lässt sich zwanglos folgern, dass alles, was nach »Gehorsam auf Biegen und Brechen« oder etwas moderater, nach »Konsequenz« klang, seine spontane Zustimmung fand. Die »Das-Kind-braucht-Konsequenz«-Psychologen in der Beratungsstelle hatten ihm aus dem Herzen gesprochen. Es half bloß alles nichts. Töchterchen wollte nicht – und was nun?

Wollte er wirklich die Beziehung zu seiner Tochter riskieren – aus der (nachvollziehbaren) Angst heraus, sie mit ihrem Erwachsen-Werden ganz zu verlieren? Ähnelte das nicht dem berühmten »Selbstmord aus Angst vor dem Tod«?

Kinder reagieren empfindlich auf Vaterliebe, die sich in Disziplinierungswut verkehrt: *Ich weiß, was richtig ist, und du weißt es nicht.*

Dagegen muss eine 16-Jährige sich zur Wehr setzen. Wenn sie nämlich wirklich so gar keine Ahnung hätte, was richtig und falsch, was ihr Wille und ihr Ziel ist und wie sie es erreichen kann – wenn sie diese väterliche Haltung als zutreffend akzeptieren würde, dann würde sie ja in ihren eigenen Augen ein ganz unsicheres, abhängiges, in der Welt verlorenes Wesen sein. Jede dieser harschen disziplinarischen Forderungen an unsere Kinder führt die geheime Botschaft mit sich: »*Du hast ja keine Ahnung.*« 9-jährige Kinder mögen das hinnehmen, 16-Jährige nicht. Sie dürfen es auch nicht hinnehmen. Sie würden ihr Selbstbewusstsein und den Mut für eine eigene Zukunft aufgeben.

Von der Seite der Tochter ist dieser Konflikt also absolut unabänderlich. Sie muss sich durchsetzen oder sich selbst aufgeben. Das hätten sich die »konsequent-sein«-Kollegen in der Erziehungsberatung eigentlich an fünf Fingern abzählen können. Taten sie aber nicht.

Gibt es eine Alternative, einen Kompromiss? Gibt es nicht! Auf den Tisch hauen hilft beim besten Willen gar nichts, sondern würde die Tochter in einen unversöhnlichen Widerstand geradezu hineinzwingen. Der Familienfrieden wäre vorübergehend oder für eine sehr sehr lange Zeit gestört, vielleicht würde die Tochter das Haus empört verlassen, möglicherweise nach einigen Tagen müde und resigniert zurückkommen – aber was würde das schon helfen? Der Bruch wäre auch dann nicht geheilt, und wer möchte schon eine müde und resignierte 16-Jährige bei sich zu Hause haben?

Die Verantwortung lag beim Vater. Als ich ihm seine Erziehungsprinzipien und ihre – ihm kaum bewussten – Folgen vor Augen halten konnte, wurde er immerhin aufmerksam – er war wirklich ein liebevoller Vater, sonst hätte er stur auf »Disziplin und Ordnung« beharrt. Sein Töchterchen lag ihm am Herzen, das spürte man.

Er ließ sich tatsächlich aufschließen für die Einsicht, dass seine bedeutende (und keineswegs einfache) väterliche Leistung, sozusagen eine Liebesleistung, just darin bestehen würde, auf die Verbindlichkeit seines eigenen Lebensstils und seines eigenen Lebensgefühls zu verzichten, mindestens teilweise. So etwas fällt niemandem leicht, diesem Vater auch nicht. Aber der allererste Eindruck und unser allererstes »Wühlen in den leicht vergrabenen Seelenschichten« hatte durchaus etwas Richtiges zutage gefördert. Hinter seinem barschen und autoritären Tonfall verbarg sich ein großes Vaterherz. *Ach, so ist das, ich muss ein Opfer bringen für meine Tochter.* Im Opfer-Bringen sind Eltern geübt, sie haben seit der Geburt des Kindes kaum etwas anderes getan, liebevolle Opfer an Zeit, Geld, unentwegte Geduld und Sorge. Sie sind sozusagen daran gewöhnt.

Er wollte auf die schöne Gegenwart seines Kindes ja nicht verzichten, im Gegenteil. Er versuchte nur, sie mit unzulänglichen Mitteln einfach festzuhalten. Er wollte ja auch weiterhin und am liebsten immer und ewig ihr frohes *»Hallo Papa«* am Frühstückstisch hören, ihr mauliges *»Schule nervt«*, ihr bettelndes *»Ich brauche dringend neue Jeans, Papa, gibst du mir Geld?«*. Als ihm bewusst wurde, dass ihm nichts auf der Welt wichtiger war, schon gar kein Holzbett mit lilaner Matratze, dass er auf nichts davon auch nur eine Sekunde verzichten wollte – und von Gehorsamspädagogen geradewegs in diesen Verzicht hineingetrieben worden war –, da konnte er auch seine vor sich selbst verborgen gehaltenen, väterlich-eifersüchtigen Regungen wahrnehmen und annehmen.

Er hatte stolz und melancholisch und sogar ein bisschen traurig das Heranreifen seiner Tochter betrachtet, manchmal ging alles viel zu schnell. Manchmal spürte er schon, wenn er nur in sich hineinhorchte, dass seine Gereiztheit im Konflikt mit der Tochter damit zu tun hatte, dass er kaum ertrug, wie sie ihm aus den Händen glitt. *»Ach, wenn die Kleine doch ewig bei uns bleiben könnte!«* Aber so geht es nicht zu, das wissen alle Eltern. Elternliebe hat die besondere Eigenart, dass sie das geliebte Wesen nicht festhalten, sondern im Gegenteil dazu befähigen will, sich von den Eltern zu lösen. Eine gewaltige seelische Aufgabe.

Dies war das geheime Zentrum des Vater-Tochter-Konfliktes. Über diese Einsicht konnte der Vater nun leichten Herzens einräumen, dass das Holzbett samt Matratze schlicht eine Fehlinvestition war. Still und leise räumte er das allzu voreilig gekaufte Geschenk beiseite, platzierte es irgendwo im Keller. Wer weiß, ob Töchterchen nicht im nächsten Jahr dringend nach »einem vernünftigen Bett« verlangen würde. Bei dieser Bemerkung, mit der ich ihn nach unserem letzten Gespräch entließ, konnte er sogar lächeln, immer noch leicht seufzend, aber einsichtsvoll. Ach ja, wer weiß schon, was nächstes Jahr sein wird! Hauptsache, die Bindung an die Tochter ist nicht beschädigt, Hauptsache, die Liebe hat keinen Schaden genommen (hatte sie nicht).

Töchterchen fiel Papa erleichtert um den Hals. Dabei wurde deutlich, wie sehr der Konflikt auch sie belastet hatte. Sie hatte auch mächtig gelitten. Warum? Weil sie Papa eben lieb hatte. Sie bemühte sich dann auch kräftig um bessere Leistungen in der Schule, investierte ihre ganze Willenskraft darin, das Versäumte aufzuholen und den Schulabschluss vernünftig zu schaffen. Wenn man genau hinsah, dann lernte sie jetzt viel mehr, bereitwilliger und sogar erfolgreicher (weil aus vollem Herzen!) als zuvor.

Und so hatte sich die Investition von Bett und Matratze schließlich auf mancherlei Umwegen doch noch gelohnt.

Moderne Familien und was zum Gehorsam fehlt

Eine Geschichte vom Aufräumen

Ja, es gibt wirklich clevere Familien. Manche entdecken verhaltenstherapeutische Prinzipien ganz von selbst, ohne monatelange Studien und ohne dickleibige Veröffentlichungen. Einfach nur so, aus dem Alltag heraus.

»Aus dem Alltag heraus« heißt natürlich auch immer, dass Mama und Papa intuitiv etwas verstanden haben davon, wie Kinder Regeln lernen und warum sie Regeln zu lernen bereit sind.

Der Reihe nach: Eine Familie im Saarland, zwei Töchter, ein Sohn, alle zwischen 9 und 15 Jahren, außerdem Vater und Mutter. (Familienkritisch eingestellte Menschen verkünden ja über alle Medien, dass die Familie bestehend aus Vater, Mutter, Kind absterbe, ich glaube das nicht so recht: Immer noch leben 75 Prozent aller Kinder in solch einer »traditionellen« oder wie manche sagen »altmodischen« Familie. Aber das nur nebenbei.)

Diese Familie hatte, wie wahrscheinlich alle Familien mit Kindern, ein Problem mit dem Aufräumen, dem Geschirrspülen, dem Müllereimer heruntertragen und dergleichen mehr. Sie verfielen auf eine Regel, die keineswegs originell ist, aber sie funktioniert. Sie ist übrigens Grundlage vieler Verhaltenstherapien im Umgang mit hyperaktiven Jugendlichen, dort funktioniert sie allerdings nur recht selten. Aber das ist schon wieder ein anderes Thema.

Hier haben wir es mit einer ganz normalen Familie und ganz normalen Kindern zu tun, ganz normal träge also, ganz normal nie um Ausreden verlegen, ganz normal bereit, jederzeit mit dem Finger auf den anderen zu zeigen, der wieder einmal etwas versäumt oder Aufgaben nicht erfüllt hat, und ebenso bereitwillig zu übersehen, dass bekanntlich jeder ausgestreckte Finger vier weitere einschließt, die auf einen selber zeigen. Und auf die unausgeführten Pflichten. Ganz normal, wie gesagt.

Und der Trick, auf den diese schlaue Familie verfiel? Sie verteilten Punkte. Jedes Kind muss im Verlauf einer Woche – und zwar ganz penibel: von Samstag zu Samstag – 15 Arbeitspunkte erworben haben. Sie wurden dann genau aufgeteilt, drei für das Abspülen, fünf für den-Müllherunterbringen, oder umgekehrt. Auf penible Einzelheiten kommt es aber gar nicht an.

In einer ziemlich coolen und freundlichen, gelassenen und humorvollen Familienrunde brachten die Eltern diese Idee auf den Tisch und die Kinder stimmten zu, teils zögernd, teils bereitwillig. Jeder macht das Gleiche, da wird das Gerechtigkeitsempfinden eines Kindes schon einmal bestätigt und beruhigt. Ich muss nicht *mehr* tun als die Geschwister, das motiviert ganz ungemein.

Vermutlich hatten die beiden Eltern selbst nicht so recht daran geglaubt, aber das Konzept funktionierte. Tatsächlich trugen die Kinder pingelig wie Bürokraten jeden erworbenen Arbeitspunkt ein, tatsächlich bemühten sie sich spätestens Freitagmittag, alle versäumten Punkte ganz fix aufzuholen.

Dabei gab es gar keine Strafen, es gab nicht einmal Belohnungen (was die Verhaltenstherapie, nebenbei bemerkt, stereotyp empfiehlt und damit von einer Sackgasse in die andere gerät. Aber das ist ja ein anderes Thema, hab ich vorhin schon gesagt!)

Es gab nur das Einhalten eines Versprechens, das sich alle Familienmitglieder wechselseitig gegeben hatten. Dieses Versprechen ist Ausdruck davon, dass man in dieser Familie einander vertraut. Und Kinder möchten, dass man ihnen vertraut, so wie sie auch anderen – vor allem aber Mama und Papa und in gewisser Weise auch ihren Geschwistern – gern vertrauen möchten.

Nicht Strenge und Kontrolle waren hier das Prinzip, schon gar nicht Strafen oder Strafandrohung – das hätte alles kaputt gemacht. Nein, die Grundlage war, dass jedes Kind ein Versprechen, das es einmal gegeben hat, auch einhalten *will.* Ganz besonders in der eigenen Familie.

Und so funktionierte es dann auch. Die 15 Arbeitspunkte wurden Woche für Woche erworben. Manchmal fehlte einer – darauf wurde hingewiesen, der Mangel aber großzügig verziehen. Hatte das zur Folge, dass dasselbe Kind in der kommenden Woche gleich zwei oder drei Punkte verschluderte, weil ja »nichts passiert« war? Keine Strafe, kein Punkteverlust und Punkteabzug? Über diese Frage hatten die beiden Eltern durchaus nachgedacht. Ob Erziehung so funktionieren kann, so ganz ohne Androhung von Konsequenzen?

Nun, es »funktionierte« – nicht trotzdem, sondern genau aus diesem Grund. *Vertrauen ist so etwas Leichtes, Flüchtiges, man kann es leicht zerstören.* Wenn man einem Kind das Vertrauen entzieht (und das tut man mit jeder Strafandrohung und jeder Kontrolle), dann wird es sein eigenes Versprechen auch nicht mehr für so wichtig erachten, seine eigene Vertrauenswürdigkeit ist ja bereits in Frage gestellt. Dann gerät alles in eine Schieflage.

Die Eltern blieben bei ihrem Vertrauenskonzept. Das war der erste Grund für den Erfolg. Der zweite war folgender: Den Kindern wurden keine kurzfristigen Anweisungen erteilt, die sie ebenso kurzfristig zu erfüllen hatten. Daraus ergeben sich immer wieder Reibungspunkte, das ist gar nicht zu vermeiden. Mama möchte den Müll runtergebracht sehen, aber das Kind ist gerade mitten in einem spannenden Buch (wenn die Eltern Glück haben), oder einem brennend faszinierenden Computerspiel in entscheidender Phase (was viel wahrscheinlicher ist, zumal bei Jungen). Oder es hat sich soeben auf ein Treffen mit Freund oder Freundin vorbereitet und will gerade losrennen, da kommt eine dieser unseligen familiären Arbeiten. Kurzum, Anweisungen kurzfristiger Art kommen eigentlich immer im falschen Augenblick.

Alles sieht ganz anders aus, wenn ein Kind die Arbeit selbst einteilen, selber organisieren kann. Und zwar äußerlich und innerlich. »Äußerlich« habe ich eben skizziert: Das Kind wählt und findet den richtigen Zeitpunkt für diese oder jene Arbeit selbst und vermeidet damit Situationen, in denen jede noch so geringe Hausarbeit eine glatte Zumutung ist. Und innerlich, was heißt das?

Schauen wir auf uns selbst: Wir nehmen uns etwas vor und dann geben wir uns – gerade noch rechtzeitig – einen letzten Schubser, eine letzte klare Anweisung: *Jetzt* führe ich das Vorhaben aus, jetzt beginne ich mein schon längst überfälliges Manuskript, jetzt beginne ich ein Konzept zu schreiben – Sie merken schon, ich rede aus reicher Selbsterfahrung. So war es auch bei den dreien aus unserer Beispielfamilie: *Jetzt* bringe ich den Müll herunter, jetzt beginne ich mit dem Geschirrspülen!

Dieses »Jetzt« hat eine kleine magische Wirkung. Ich

organisiere meine Zeit, ich gebe meinem Willen eine Gestalt und Struktur, ich bin ein bisschen erwachsener als ich es vorher war. Ich verfüge über Zeit. Der Drang aller Kinder, über die Welt zu verfügen und ihr nicht machtlos ausgesetzt zu sein, wurde mit ganz simplen Alltagsaufgaben und -erfahrungen verknüpft. Das ist das Geheimnis des familiären Erfolges. *Alles, was du für die Familie getan hast, macht dich stärker und reifer, macht dich erwachsener, darum ist jede dieser oft lästigen Aufgaben letztlich gut.*

So empfinden Kinder nun einmal. Man kommt in der Erziehung viel weiter, wenn man ihren ursprünglichen Entwicklungsbedürfnissen entgegenkommt, statt diese Entwicklung ständig regulieren zu wollen und dabei letztlich immer zu scheitern – und sich zu allem Überfluss »ewig und drei Tage« über Widerreden, schlechte Laune und Drückebergerei zu ärgern.

Nachtrag

Ein weiterer Aspekt ist noch ganz interessant. In der Verhaltenstherapie für sogenannte hyperkinetische Kinder gibt es ein »Token«-System. Dort bekommt ein Kind ebenfalls für jede erledigte Aufgabe einen Punkt, für eine fast erledigte einen halben Punkt (was ich für einen ziemlich schlauen Gedanken halte) und für eine nicht erledigte keinen Punkt. Strafen gibt es in der Verhaltenspsychologie nicht, sie ist zwar ein bisschen simpel, aber ja nicht dumm! Jedenfalls bei weitem nicht so dumm wie die Strafprediger, die mitunter dicke und meist ganz dünne Bücher schreiben und Ängste ausstreuen.

Dieses Token-System hat trotzdem einen entscheidenden Mangel. Es ist viel zu sehr auf ein – überprüfbares – Ziel hin orientiert. Heißt: Wenn ein Kind 20 oder 25 Punkte erreicht hat, darf es einen Wunsch äußern und dieser Wunsch sollte im Rahmen des Machbaren erfüllt werden. Das klingt ja erstmal plausibel. Auf die Dauer erweist sich aber genau diese strikt vorgegebene Zielorientierung als fatal. Erfahrungsgemäß beginnen die Kinder mit großer Begeisterung, sich an das Token-Programm und die Vereinbarungen zu halten. Tatsächlich bestaunen und bewundern sie jeden Punkt, den sie erreicht haben, zählen eifrig zusammen, wie viel Aufgaben sie noch erledigen müssen oder wie viel Verabredungen sie noch einhalten müssen, um endlich die ersehnten 20 Punkte zu erreichen – und erhalten schließlich ihre verdiente Belohnung.

Fatal ist Folgendes: Mit der eingetretenen Belohnung fällt die ganze Motivation in sich zusammen. Der innere Wille war gar kein »innerer«, er war ein trickreich vorgeschriebener, ein mit allen Raffinessen der Lernpsychologie letztlich doch nur erzwungener. Das kann nicht gut gehen! Die Folge kann man sich an fünf Fingern abzählen. Das Programm wird zweimal, in besonders geglückten Fällen sogar dreimal mit Eifer durchgezogen – und dann funktioniert es nicht mehr.

Kinder wollen auf Dauer nicht »von außen« geregelt und gelenkt werden, sie wollen nicht dauernd für ihr Wollen und Tun belohnt oder bestraft werden. Selbst wenn sie sich über eine Belohnung freuen, spüren sie insgeheim doch, dass in ihr der außengelenkte Zwang weiterwirkt. Es ist eben nicht so, dass Kinder Aufgaben oder Verhaltensweisen, nur weil sie sie drei- oder viermal ausgeführt haben, auch »verinnerlichen«. Dazu braucht es mehr. Nämlich die Freude an dem eigenen Willen, die Freude daran, selbst etwas gewollt und erreicht, den eigenen Willen reguliert und stabilisiert zu haben – also alles in allem ein Stückchen klüger, erwachsener, »reifer« geworden zu sein.

Jede Belohnung signalisiert dagegen: Das hast du ja nur getan, weil Papa und Mama dir eine Belohnung wie dem Esel die verlockende Möhre vor die Nase gehalten haben. *Das war gar nicht dein eigener Wille, es waren der Wille der Eltern oder irgendwelche anderen erwachsenen Zwänge.* Kinder durchschauen Tricks, sie wenden sie ja selbst im Umgang mit Papa und Mama unaufhörlich an. Letztlich ist es ganz einfach: Sie wollen in ihrem ganzen Wesen von sich selbst und den Eltern ernst genommen und bestätigt werden, *und nicht nur in ihrem Verhalten.*

Die Unterschlagung dieser elementaren Einsicht führte denn auch zum Scheitern des raffinierten Token-Systems in der Therapie. Lange Zeit wurde es wie ein Heilmittel betrachtet, zuerst bei den kleinen »Hypies«, dann auch bei depressiven, schulverweigernden und zuletzt so ziemlich bei allen Kindern in Nöten. Es war eine Mode, sie hat nicht »funktioniert«. Heute findet es sich bei neuen Therapiekonzepten gerade mal im Anhang. Man kann damit die eine oder andere Hürde zu Beginn einer therapeutischen Betreuung oder einer Erziehungsberatung überspringen. Ganz und gar nutzlos ist es nicht, aber eine langfristige Hilfe eben auch nicht.

Langfristig ist immer nur das, was ein Kind in seinem Wesen bestätigt und was es mit seinem eigenen Willen vereinbart hat. Um beides zu leisten – Bestätigung der kindlichen Existenz und Kräftigung seines Willens – müssen wir einfallsreicher und sensibler mit Kindern umgehen anstatt auf simple Konditionierungskonzepte zu vertrauen. Das gilt für die Therapie, gilt für die familiäre Erziehung genauso.

Eines wird an dem sehr begrenzten Erfolg des lernpsychologischen Token-Programms jedenfalls auch überdeutlich: Wenn äußere Lenkung in einem so raffiniert-belohnenden Sinn schon keine tief greifenden Verhaltensänderungen herbeiführen kann, wie sollen sie dann mit Strafen und Kontrollen möglich sein?

Zweiter Nachtrag, für Skeptiker

Und wo unterscheidet sich das Token-System von der als beispielhaft vorgeführten Familie? Schließlich waren auch dort die »Ziele« von den Eltern eingeführt worden, die Kinder hatten nur zugestimmt. Wie in dem Therapiekonzept, oder? Eben nicht ganz. Schauen wir genau hin. Ganz einfach ist es nicht. Zum ersten gab es keine »Belohnungen«, nur die sozusagen visualisierte Selbstkontrolle der Kinder, was unter Geschwistern bekanntlich immer auch die Kontrolle der Kinder untereinander bedeutet. Keine Belohnung heißt: Sie konnte auch nicht weggenommen werden. Alles seelisch Verkrampfte und insgeheim Anstrengende hin auf dieses »Lohnende« war damit beseitigt, ein wichtiger Punkt. Die Kinder konnten sich wechselseitig sogar Versäumnisse verzeihen und auch einmal einen Punkt erteilen, obwohl er gar nicht verdient war. Da runzeln Gehorsams-Pädagogen kräftig die Stirn, großmütige Kinder verstehen das auf Anhieb. Anders gesagt: Der ganze »Plan« war ausschließlich auf die Bereitschaft und den Willen jedes einzelnen Kindes und der Kinder untereinander abgestellt. Bei den ewigen Geschwister-Streitereien in der Realität – und als Thema noch viel häufiger in pädagogischen Zeitschriften und Ratgeber-Ecken – vergessen wir oft, dass Geschwister eine ziemlich stabile »Solidarität« füreinander empfinden. Sie ist stärker als pures Gerechtigkeitsgefühl, sie hat ein wenig von der schon zitierten afrikanischen Weisheit: »Ich bin, weil du bist«.

Und die Trägheit, die alle Kinder haben (einfach weil sie Menschen sind), die Drückebergerei, die wechselseitigen Schuldvorwürfe? Wie bekam man die »in den Griff«? Gar nicht. Sie sind eine seelische Realität in jeder Familie, aber das ein kindliches Selbstbewusstsein stärkende »Ich habe ein Versprechen gegeben« ist auch Realität. »Mama soll mir mit ihrem Mülleimer nicht auf den Wecker gehen« ist kindliches Empfinden. Aber: »Mama sieht müde aus, ich helfe ihr« ist es auch. Die ganze Erziehungskunst besteht darin, ein Miteinander zu finden, das stärker ist als die Trägheit. Wenn es gelingt, das »Ich will« eines Kindes mit seinen positiven Geschwister-Gefühlen *und* mit der Bindung an die Eltern zu verknüpfen, hat man gute Karten. Sehr gute sogar.

Drei Kinder? Wo gibt's denn so was?

Neulich hat meine Frau dies erlebt: Sie lief mit dem Neugeborenen einer Familie aus der Nachbarschaft, unserer kleinen Tochter und ihrer Freundin über die Fußgängerzone, einen Kinderwagen vor sich herschiebend, ein kleines Mädchen an der linken und ein anderes an der rechten Seite, alle drei höchst vergnügt. Dann passierte es – die Blicke, so erzählte meine Frau, die sie von den Passanten streiften, waren missbilligend, ja, herabsetzend. *»Schau mal die da, drei Kinder, und noch so ein Kleines dabei, wie will sie die denn ernähren?«*

Drei Kinder, und schon rutscht man im sozialen Ansehen (vor allem in der unausgesprochenen Bewertung, gegen die man sich ja nicht wehren kann) ganz nach unten. Ein Kind, das mag ja angehen. Zwei Kinder sind immer noch eine Art Norm, ab drei Kindern wird es problematisch. Wie will eine Frau die ernähren, hat sie überhaupt einen Mann?

Wir sind den Weg, den sie mittags gegangen war, abends noch einmal entlang gelaufen, diesmal also zu fünft, auch ich spürte eine gewisse Herablassung ringsum. *Was ist das denn für eine Familie? Drei kleine Kinder und die Eltern, wie wollen die sich denn durchschlagen?*

Wir haben uns daran gewöhnt, dass Kinder eine Belastung sind. Schauen wir nur die TV-Diskussionen und Zeitungskommentare der letzten Monate an: Über Kinder wird vorwiegend, ach was, ausschließlich unter dem Aspekt der Belastung, der finanziellen Not und überhaupt wie eine Art Opfergang bedauernswerter (oder einfach dummer?) Eltern debattiert. Wer in einer so gestimmten sozialen Kultur mit drei Kindern unter 10 Jahren daher kommt, steht sofort unter Generalverdacht: »*Na ja, die werden ja wohl der Sozialhilfe zur Last fallen. Wahrscheinlich müssen wir Steuerzahler die alle durchfüttern.*«

Nein, der Anblick von Kindern macht den meisten Zeitgenossen keine Freude, sondern erzeugt eine Art intuitiver Abwehr, vermischt mit einer anderen Regung: Man konnte förmlich sehen, wie die Leute drumherum sich ein klein wenig aufrichteten, wie sie sich ein wenig höher einschätzten als zuvor, wie sie sich in der sozialen Hierarchie vergleichsweise ein bisschen höher einstuften und wie gut ihnen das tat – immer in Relation zu einer Frau, die drei Kinder hat: »*Die da, die ist sicher ganz weit unten, bei so vielen kleinen Kindern. Drei Stück, das muss man sich mal vorstellen. Alle unter 10 Jahren, fast schon ein Skandal.*«

Ich vermute, es ist dieses insgeheim und offen kinderfeindliche oder mindestens kinderfremde Klima, das so viele Eltern unter einen ständigen Beweiszwang stellt. Fortwährend müssen sie ihrer Umgebung und sich selbst bestätigen, dass sie nicht »ganz unten« sind, dass sie die Kinder nicht nur ernähren, sondern auch so erziehen können, dass es leistungsbewusste und gehorsame Kinder sind. Wie viele Eltern lassen sich wohl – bewusst oder unbewusst – von der Kinderfeindlichkeit unserer Sozialkultur infizieren und treiben ihre Kinder an? Immer weiter, immer mehr. Leistung rechtfertigt ja in dieser Kultur alles, offenbar sogar die Existenz von Kindern.

Henker im Internet oder: Wann Eltern ganz entschieden sein müssen

Wer rechnet denn auch damit: Ich hatte mein Kind, ohne mir etwas Schlimmes dabei zu denken, aufgefordert, im Internet AOL aufzurufen. Hier ist meine E-Mail angemeldet und zweimal am Tag rufe ich sie auf, meist steckt sie voller Müll, zwischen dem sich ein oder zwei interessante Anfragen verstecken. Man muss aufpassen, dass man sie nicht mit dem Müll gemeinsam entsorgt.

Das ist mir schon mehr als einmal passiert, aber tröstlicherweise anderen Leuten auch. Aus irgendeinem Grund glauben die Versender von Werbebriefen im Internet, dass ausgerechnet Familienväter mit zwei oder drei Kindern über haufenweise Geld verfügen. Das Gegenteil ist richtig, wie die Lebenserfahrung lehrt. Aber diese Werbeleute verhalten sich ja alle so, als hätten sie keine Kinder und würden auch nie welche bekommen.

Zurück zu AOL. Meine gehorsame Tochter schaltete, technisch versiert, wie sie ist, das Netz ein, rief AOL auf und plötzlich tat sich vor ihren erschrockenen Augen ein grausiges Bild auf: Eine Videoaufzeichnung, auf der ein alter Mann (es handelte sich um Saddam Hussein) mit dunklen, verzweifelten Gebärden zur Hinrichtung geführt wurde, der Strick schon um den Hals gelegt – ich mag es nicht weiter ausmalen.

Wie gebannt und zutiefst entsetzt starrt das Kind auf

dieses Video, das AOL in brutal-kalkulierterer Rücksichtslosigkeit auf seine Portalseite gestellt hatte.

Allein an diesem Tag waren es Hunderttausende und vielleicht Millionen Kinder auf der Welt, denen es wie meiner Tochter erging. Völlig unvorbereitet und zutiefst erschrocken sahen sie sich mit dem Sterben eines Menschen konfrontiert. Hunderte, Tausende oder Millionen Kinder, die das bürokratisierte, gefühlsleere Hängen eines Mannes (was immer er getan hatte und wer immer er gewesen ist) verfolgen.

Was war das? Kalkül eines großen Servers, der sich einfach nicht die Sensation für seine Hauptseite entgehen lassen wollte, egal um welchen Preis – oder einfach zynische Gedankenlosigkeit?

Was immer es war, es setzte sich in den nächsten Tagen in anderen, in nahezu allen Medien fort. Auf jeder Titelseite und an jedem Kiosk dieselben Bilder, dasselbe den Tod anstarrende Gesicht, derselbe Strick, dasselbe Hängen. Es war zum Kotzen. Der »Stern« übertraf sie dann allesamt in ungehemmter Gier nach dem *noch* sensationelleren Bild zeigte Deutschlands größte Illustrierte, vielfarbig, großseitig, den Augenblick des Todes, exakt jenen Moment, in dem die Augen des alten Tyrannen starr wurden und er starb.

Das Sterben öffentlich gemacht, schamlos, vor den Augen unserer Kinder – warum gibt es da keinen Aufschrei? Warum empört sich niemand? Ich habe weder vom Kinderschutzbund noch von der Lehrer-Gewerkschaft ein einziges Wort gehört.

Ich erwarte es auch schon gar nicht mehr!

Und die Eltern? Sie stehen hilflos vor dieser Pervertierung des modernen Lebens. Sie stehen machtlos davor, dass eine so harmlose kleine Anweisung »*Schalt mal AOL an*« zu einer traumatisierenden Erfahrung ihres Kindes werden kann (das mich, wenn es mir als 10-Jähriger zugestoßen wäre, ein Leben lang verfolgt hätte). Was weiß ich denn, was dieser Moment des hilflosen Schauens, ja, des Starrens auf etwas so Furchtbares in der Seele meines Kindes angerichtet hat? Ich war und bin hilflos.

Der einzige Schutz, den Eltern angesichts der Enttabuisierung öffentlicher Medien ihren Kindern bieten können, ist ihre beruhigende Autorität. Ich kam, während meine Kleine noch halb abgestoßen, halb erschrocken auf die Bilder starrte, hinzu, bemerkte, was sich Grauenvolles dort auf dem Monitor tat und sagte entschieden: »*Mach das sofort aus.*« Sie gehorchte schnell, verängstigt.

Die Angst richtete sich aber nicht auf mich, sondern auf die Bilder. Meine Stimme, die dem grausigen Geschehen abrupt ein Ende setzte, mein Widerwille, den das Kind spürte und den es teilte, haben – so hoffe ich jedenfalls – eine kleine seelische Schutzschicht eingezogen, eine Trennlinie markiert zwischen dem Gesehenen und dem Alltag in unserer Familie, in dem Mamas Wort gilt und Papas Stimme beruhigend eine grundsätzliche Anständigkeit sichert, die AOL ebenso wie fast alle Redaktionen leichten Herzens vergessen hatten.

Ein Kind, das vor seinem Vater Respekt hat, wird diesen Schutzwall, wie brüchig er auch immer sein mag, aufgreifen, es wird die väterliche (oder mütterliche) Stimme »einatmen« und sie wird die Schrecken mildern. Kinder, die keinen Respekt vor ihren Eltern haben, finden diesen Schutz nicht. Sie sind ausgeliefert, ausgesetzt – allen Schrecken, die die moderne Medienwelt mit ihrer unersättlichen Gier nach Sensation für sie bereithält.

Körper ohne Scham und ohne Lust – überall Pornos

Pornografie schadet Kindern und Jugendlichen, besonders in der empfindlichen Phase der Pubertät, daran gibt es keinen Zweifel. Nun stoßen sie auf Pornografie nicht nur im Internet, sexualisierte Bilder ohne Nähe und Zärtlichkeit springen den Kleinen an allen Ecken und Enden ins Auge – das wollen wir nicht übersehen. Pornografie aber schadet Kindern bis 10 Jahren. Sie entwickeln ja gerade erst ein – psychologisch gesprochen – »Körper-Selbstbild«, da werden sie schon mit Bildern von perfekten Körpern konfrontiert (das ist schon verstörend genug), die dann auch noch in einer Intimität verstrickt sind, die ein Kind bis ca. 12 Jahren überhaupt nicht mit seinem eigenen körperlichen Selbsterleben verbinden kann. Irritationen in der Selbstwahrnehmung sind die Folge.

In der Pubertät wiederum lernen sich Kinder als sexuelle Wesen gerade erst kennen, da liefern Pornografien nicht nur die falschen Vor-bilder, sie wirken in ihrer Aufdringlichkeit, ihren schamlosen Details und oft dem Spielen mit Vergewaltigungsfantasien abstoßend. Ein sensibler Jugendlicher (und welcher Pubertierende ist nicht sensibel?) hat ohnehin genügend Mühe damit, seine sexuelle Körperlichkeit ganz anzunehmen. Da gibt es Hemmungen, Scham, Selbstzweifel, usw. Und ausgerechnet in dieser

Seelenlage wird er mit der abstoßenden Seite des Sexuellen konfrontiert. Das löst natürlich Selbstzweifel aus.

Für ältere Jugendliche ist Pornografie in unserer Kultur Alltag. Sie haben sich schon daran gewöhnt. Das darf nicht darüber hinwegtäuschen, dass noch 17- oder 18-Jährige angesichts pornografischer Effekte lernen, ihrer Sexualität mit Zynismus zu begegnen.

Können wir unsere Kinder vor diesen Bildwirkungen bewahren? Ja, indem wir ihnen ein verlässliches Vertrauen in ihre eigene Körperlichkeit und alle damit verbundenen Gefühle geben. Dann finden sie pornografisches Material, das ihnen überall unter die Augen kommt, abstoßend, aber mit ihnen selbst hat das alles nur wenig zu tun. Pornografie erzeugt bei stabilen Kindern und Jugendlichen nur Abwehr, sonst nichts. Damit sind wir bei der weiterführenden Frage: Wenn Pornos tatsächlich problematisch sind, sollte man sie nicht einfach verbieten? Natürlich nicht, weil sie erstens so problematisch nun auch wieder nicht sind. Ein Problem ist eher ihre Überpräsenz, ihre aufdringliche Erscheinung an allen Ecken und Enden, vom Zeitungskiosk zum Fernsehapparat – und zweitens ist die Lösung, die ich andeutete, die einzig verlässliche. Kinder mit starken vertrauensvollen Bindungen haben ein »Feingefühl« für ihren Körper, haben Hemmung und Scham und Lust gelernt. Dieser Sorgfalt des Empfindens ist keine Pornografie gewachsen, allerdings kann keine »Disziplin« sie mit moralisierenden Worten – die so langweilig sind, dass sie nicht einmal die Neugier der Kinder wecken – oder mit Strafandrohungen hervorrufen. Disziplinierende Sätze sind dumm. Was die Kinder aber nicht zuletzt an unserem Vorbild lernen sollten, ist, wie Sorgfalt im Seelischen, Achtsamkeit in den Worten und sogar

Scham die Lust nicht tötet, sondern vermehrt. Würden sie Sorgfalt und Scham, einfühlsame Hemmung im Sprechen mit einem Gegenüber usw. einem dieser ausgetrockneten Gehorsamspädagogen abnehmen? Jedenfalls nicht, wenn sie unter 20 Jahren alt sind.

Töchterchens Geheimnis, mitten im Wohnzimmer

Die bittere Wahrheit lautet so: Unsere Kinder lieben digitale Medien, Computerspiele, Chats und rutschen vergnügt von einer Webseite zur anderen. Und wir kommen damit nicht zurecht. Was fällt uns also ein? Kontrollieren, regulieren, noch mal kontrollieren ... Zeiten begrenzen, Verträge abschließen, eine Bürokraten-Pädagogik. Beispielsweise in Hannover: Expertenanhörung in einem der zuständigen Ministerien, Soziologen und Kriminologen und Forscher aller Disziplinen referierten, »Jugendpfleger« waren auch dabei.

Mich hatte der NDR zu einem Kommentar ins Studio gebeten. Zuerst ein Bericht über die Tagung – und ich bekam vor Staunen den Mund nicht wieder zu. Ein eigentlich sehr nett dreinschauender »Jugendpfleger«, höchstens 30 Jahre alt, fasste die allgemeine Stimmung der ministeriellen Fachgespräche zusammen. Außer Gefahren konnte er nichts am Internet wahrnehmen, vor allem solche sexueller Art.

Tja, sagte er, man sei sich fachlich doch sehr einig geworden, Mama und Papa müssen aufpassen. Am besten den ganzen Tag. Nun ja, fragte sogar die gutgläubige Interviewerin, haben Eltern tagsüber nicht auch noch etwas anderes zu tun? Nun, die versammelte Fachkompetenz hatte auch dazu eine Lösung erarbeitet. Man könne ja, sagte der sympathische Mensch, den Computer mitsamt Internet-Anschluss mitten ins Wohnzimmer platzieren. Dort dürfe Töchterchen chatten, die wachsamen Eltern behalten alles im Auge und wissen genau, welche Seiten aufgesucht und mit wem worüber gechattet wird. Alles unter Kontrolle.

Ein gewaltiger Rückfall in längst überwundene Pädagogik, und es fällt überhaupt niemandem auf! Dreißig Jahre und länger haben vernünftige Pädagogen und Psychologen dafür gestritten, dass Väter und Mütter nicht heimlich in Tagebüchern schnüffeln. Und auch keine Briefe an die Teens über dem heißen Wasserdampf aus dem Kochtopf öffnen und heimlich lesen. Dreißig Jahre und mehr dafür, dass Kinder ihre Geheimnisse haben dürfen, weil die zur Entfaltung einer interessanten Persönlichkeit gehören und überhaupt das Leben erst spannend machen.

Das Recht ein Geheimnis zu haben – alles ausgewischt, verschüttet unter einer vertrockneten, überängstlichen Pädagogik, die nur Risiken sieht, wo ein kleines, nicht ganz normgerechtes Abenteuer lauert.

Ob ich dem fachlichen Rat zustimme, fragte die Moderatorin. Ganz unmöglich erschien es ihr offenbar nicht. Ne, sagte ich, völliger Blödsinn. Moderne Kinder können im Internet-Café und im Kinderzimmer der besten Freundin sämtliche Kontrollen umgehen. Aber wenn wir sie schon nicht kontrollieren können – wie wär's denn dann mit Vertrauen? Wer einem Kind vertraut, erwirbt sein Vertrauen – auch so ein schöner alter Erziehungsgrundsatz. Auch vergessen.

Nachwort

Vier Wahrheiten und fast schon die ganze Erziehung

Um das Jahr 1020, auf der Höhe der jüdisch beeinflussten Kultur des maurischen Andalusien, schrieb der Dichter und Mystiker Salomo ibn Gawirol folgende Zeilen, die, meine ich, die ganze Erziehungsweisheit enthalten:
　»Er sagt: Alles braucht eine Ordnung/ Man fragte: Welche Art von Ordnung/ Er antwortete: Die Wahrheit/ Man fragte: Was ist die Ordnung der Wahrheit/ Er antwortete: Treue/ Man fragte: Was ist die Ordnung der Treue/ Er antwortete: Furchtlos sein«.
　So ist es. Furchtlos müssen Eltern sein, damit sie ihr Kind nicht mit anderen vergleichen, sondern uneingeschüchtert seine Eigenarten sehen (auch wenn die Freundin sich im Ballettunterricht geschickter und in der Rechtschreibung schlauer anstellt), furchtlos, wenn auf den Pausenhöfen oder Schulhöfen Gewalt aufbricht und alle zur Seite schauen, furchtlos, wenn ihr Kind von Rücksichtslosigkeit mancherlei Art gefährdet wird. Furchtlose Eltern erheben ihre Stimme, wenn ihrem Kind Unrecht droht, auch dann, wenn sie sich dabei gegen gesellschaftliche Autoritäten oder gegen modische »Trends« stellen müssen.
　Treue zeigen gute und starke Eltern, wenn ihr Kind traurig mit einer schlechten Note nach Hause kommt oder wenn die beste Freundin, der allerbeste Freund sich

abgewendet hat. Nicht ängstliche Sorge ist ihre erste Reaktion, sondern Trost. »Sei nicht traurig und nicht ängstlich, mein Kind. Was kann dir schon geschehen, wenn Mama und Papa unbedingt an deiner Seite stehen?« Treue Eltern haben mutige, zuversichtliche Kinder. Treu sind sie auch zueinander. Warum? Weil sie das kleine verschmitzte Lächeln ihres Kindes, seine großen Augen, seinen plappernden Mund einander verdanken. Ohne dich, die Frau, den Mann, gäbe es dies alles nicht!

Und schließlich die Wahrheit. Das ist die oft verschüttete, oft übersehene, in aller Eile und Hektik zur Seite geschobene, aber unauflösliche Wahrheit der Elternliebe. Sie wird leicht vergessen. Aber sie ist immer da.

Die Ordnung der Dinge, in denen sich das erwachende Selbst des Kleinkindes spiegelt und seine eigene innere Ordnung aufrichtet: Sie führt vom Gefühls-Ich zum symbolisch lernenden Ich, vom Erfassen von Zeit und Raum, Körper und Sprache hin zum lebendigen sozialen Ich. Menschen sind soziale Wesen, wo sie ihre Umwelt und ihre Ordnungen als Teil des Eigenen empfinden können, da sind sie glücklich; wo sie mit ihrer Umwelt zerfallen sind, da fehlt die Substanz des Glücks, weil sie so allein sind.

> »Die Geschichte zwischen Eltern und Kind ist eine große Liebesgeschichte. Aber Liebe ist manchmal auch schwierig.«
>
> *Wolfgang Bergmann*

Wolfgang Bergmann, bekannt aus Fernsehen, Rundfunk und zahlreichen Buchpublikationen, liest und spricht über »Die Kunst der Elternliebe« und »Gute Autorität«. Damit meint er eine Erziehung und ein Miteinander, das Kindern das Gefühl gibt, geliebt und geachtet zu werden und ihnen hilft, den Alltag zu bestehen. Einfühlsam und mit seiner profunden therapeutischen Kenntnis erzählt Wolfgang Bergmann, wie eine solche Erziehung gelingen kann.

CD 1: Der erste Augenblick – Angst gehört zur Elternliebe – Ozeanische Gefühle – Mia oder: Ein Kind verteidigt sich – Der gute Vater – Väter sind Männer. Basta! – Warum Eltern oft alles falsch und trotzdem richtig machen

CD 2: Wo Wirklichkeit ist, ist auch Fantasie – Fantasie muss geschützt werden – Wo keine Freude ist, kann keine Familie wachsen – Das Finanzamt und der Hamster – Kinder brauchen Markenklamotten!? – Drei Merkmale guter Autorität – Einmal nur – Nachwort – Bonus: Worte helfen nicht – Bonus: »Gehorsam ist ein Kind der Liebe«

»Du sollst glücklich sein, mein Kind«
Wolfgang Bergmann liest und spricht über
»Die Kunst der Elternliebe« und »Gute Autorität«
2 Audio-CD'S. Gesamtlaufzeit: 120 Minuten
ISBN 978-3-407-85760-6

Hier kommt Hilfe für Jungs!

Unruhig und aggressiv, aber auch ängstlich und verschlossen - vielfältig sind die Probleme der Jungen von heute.

Wie wir die Jungen stärken und ihnen zu mehr Halt und Sicherheit verhelfen können, beschreibt der bekannte Kindertherapeut Wolfgang Bergmann anhand vieler Beispiele aus dem Alltag kleiner und großer Jungs und mit zahlreichen konkreten Tipps. Ein hochaktuelles, brisantes Thema, das Eltern, aber auch Lehrer gleichermaßen anspricht.

»*Bergmanns Thesen lohnen die Auseinandersetzung, weil sie so unbedingt das Kindeswohl vor Augen haben, getragen sind von echter Sorge um die Zukunft der Familie.*« Berliner Morgenpost

»*Behutsam und schonungslos zugleich schildert Bergmann, welche Spuren der Familien- und Schulalltag in der Psyche der Jungen hinterlässt.*« Deutschlandradio

»*Ein Advokat der Kinder.*«
FOCUS

Wolfgang Bergmann
Kleine Jungs – große Not
Wie wir ihnen Halt geben
Beltz Taschenbuch 898, 179 Seiten
ISBN 978-3-407-22898-7

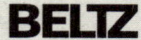

Liebe wirkt ein Leben lang

Erziehung ist nicht »richtig« oder »falsch«. Erziehung ist eine Kunst – aber eine, die in allen Eltern schlummert. Sie muss nur wachgerufen werden, denn sie ist das Ergebnis der natürlichen Elternliebe.

In dieser vollständig überarbeiteten Neuausgabe schildert Wolfgang Bergmann, wie wir im alltäglichen Leben mit unseren Kindern diese ursprüngliche Elternliebe schützen und bewahren können. Vor den Bedrohungen einer kinderfeindlichen Gesellschaft, vor der Hast und Unruhe des modernen Alltags, vor den eigenen Erziehungsirrtümern, vor Störungen in den Familienbeziehungen. Wie das gelingt, darum geht es in diesem amüsant geschriebenen und dennoch tiefgründigen Buch.

»Wolfgang Bergmann versteht es auf hervorragende Weise, komplexe entwicklungspsychologische Erkenntnisse für ein breites Elternpublikum alltagsnah und anschaulich verständlich zu machen.«
Andreas Vossler, London Metropolitan University

»Bergmanns Thesen lohnen die Auseinandersetzung, weil sie so unbedingt das Kindeswohl vor Augen haben, getragen von echter Sorge um die Familie.«
Berliner Morgenpost

Wolfgang Bergmann
Die Kunst der Elternliebe
broschiert, 240 Seiten
ISBN 978-3-407-22922-9

Werte als Kompass für Familien

Auf welchen Werten können Erziehung und Partnerschaft beruhen, wenn sie der Situation heutiger Familien wirklich gerecht werden wollen? Die Umbruchphase, in der wir leben, braucht ihre eigenen, neuen Wertmaßstäbe.

An zahlreichen Beispielen aus dem Familienleben zeigt der international bekannte Familientherapeut aus Dänemark, wie Mütter und Väter Werte als Kompass nutzen können: damit die Beziehung der Eltern zueinander und zu den Kindern stabil und tragfähig bleibt – auch in schwierigen Zeiten.

»*Lieber Gott, mach, dass dieses Buch von möglichst vielen Eltern gelesen wird. Wenn es Eltern gelingt, auch nur die Hälfte dessen umzusetzen, was Jesper Juul hier aufgeschrieben hat, so wird das nicht nur ihr eigenes Glück und das ihrer Kinder, sondern auch das Ausmaß der Vernetzung von Nervenzellen in ihren Gehirnen mindestens verdoppeln. Garantiert!*«
Gerald Hüther, Hirnforscher und Professor für Neurobiologie

Jesper Juul
Was Familien trägt
Werte in Erziehung und Partnerschaft
Ein Orientierungsbuch
Beltz Taschenbuch 905, 168 Seiten
ISBN 978-3-407-22905-2

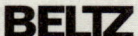

Gelassen erziehen

Jesper Juul bestärkt Eltern auf seine unnachahmliche Art, einen neuen, gelassenen Zugang zum alltäglichen Familienchaos zu finden.

Ist Gleichberechtigung der Schlüssel zu einem freundlichen Familienklima? Wie findet man im täglichen Umgang mit den Kindern sein Gleichgewicht im Leben? Kinder brauchen keine perfekten Eltern, aber sie brauchen Eltern, die wie Leuchttürme sind: Mütter und Väter, die ihnen Orientierung bieten und die respektvoll ihre Verantwortung in der Familie ausfüllen.
Besonders hebt der berühmte Familientherapeut in seinen Gesprächen mit Eltern hervor, dass nicht nur die liebevolle Beziehung zwischen den Eltern und den Kindern, sondern auch die Qualität der Elternbeziehung maßgeblich zur Erziehung beiträgt.

»Jesper Juul ist Europas gefragtester Pädagoge der Gelassenheit.«
DIE ZEIT

»Juul ist eine Lichtgestalt der modernen Pädagogik.«
DER SPIEGEL

Jesper Juul
Elterncoaching – Gelassen erziehen
Aus dem Schwedischen von Kerstin Schöps
gebunden, 272 Seiten, vierfarbig mit vielen Fotos
ISBN 978-3-407-85920-4

Skandinaviens meistgelesenes Elternbuch

»**Das KinderBuch**« **unterscheidet sich von allen Ratgebern für Eltern, die es bisher gegeben hat. Hier wird nicht erzählt, welche Fehler Eltern machen.**

Vielmehr geht es Anna Wahlgren darum, dass Eltern lernen, ihrer inneren Stimme, ihrer eigenen Vernunft zu vertrauen. Sie traut Eltern Fähigkeiten und Ressourcen zu, die von »professionell« Zuständigen oft unterschätzt werden. Dabei geht sie auf alles ein, was mit der Entstehung eines Kindes bis zu seinem Erwachsenwerden zu tun hat. Ein ausführliches Register macht das Buch darüber hinaus zu einem großartigen Nachschlagewerk.

»Anna Wahlgrens Buch ist ein Glücksfall des Gesprächs über Familie und in seiner unbekümmerten Redeweise ein Solitär. Schon allein wegen dieser ansteckenden Freude am Leben mit Kindern lohnt sich seine Anschaffung. Man wird sich darauf gefasst machen müssen, dass es nicht beim Buch bleibt. Das KinderBuch macht Lust auf eine größere Familie.« FAZ

Anna Wahlgren
Das KinderBuch
Wie kleine Menschen groß werden
Gebunden, 824 Seiten
ISBN 978-3-407-85787-3

Für Kinder da sein!

Wo deutsche Disziplinapostel und chinesisch-amerikanische Tigermütter Härte und unbedingten Karrierewillen schon im frühesten Kinderalter fordern, setzt Anna Wahlgren sich für eine geschützte Kindheit ein.

In ihrem neuen, exklusiv für das deutschsprachige Publikum geschriebenen Buch plädiert Anna Wahlgren nachdrücklich dafür, die Welt aus den Augen der Kinder zu betrachten und so Kinder und Erwachsene wieder näher zusammenzubringen.

Liebe, Empathie, Zugehörigkeitsgefühl, Krippenerziehung, aber auch Pubertät und die Auswirkungen unseres digitalen Zeitalters auf Kinder und Jugendliche sind nur einige der wichtigsten Erziehungsthemen, die dieses Buch beinhaltet. Die Autorin des berühmten »KinderBuchs« erzählt hier das erste Mal von ihrer eigenen Kindheit und wie ihre Überlebensstrategie darin bestand, bei anderen zu beobachten, was ein glückliches Kind an Liebe und Geborgenheit braucht.

Anna Wahlgren
»Die Welt mit Kinderaugen sehen«
Warum wir für unsere Kinder kämpfen müssen
gebunden, 217 Seiten
ISBN 978-3-407-85911-2